マーケティングとSNSのミカタ

地方創生への処方箋

西村順二 著
NISHIMURA Junji

中央経済社

はしがき

本書は、地域の活性化や地方創生の一助になるように、SNSをいかに活用すべきかという視点からマーケティングとSNSのあり方を考察したものです。今や日本の経済社会は地方創生の時代と呼ばれることを誰もが否定しないでしょう。しかし、それは首都圏を代表とする都市圏に向かってヒト、モノ、カネ、情報等のあらゆるものが集中し、大都市だけが成長を続けることの裏返しでもあるのです。つまり、これらの都市集中に対して、地方や地域が減退することとなり、そこに社会的な人口縮減化と少子高齢化の進行が重なり、地方や地域の疲弊化への対応策・抑止策としての地方創生なのです。奇しくも、都市レベルでは、国土交通省の進める立地適正化計画の導入が各地で検討され、人口縮減化に向けた街全体の機能の最適配置を考えて街づくりが見直されてきています。都市のスポンジ化を防止・抑止するために、適切な街のあり様が模索されているのです。全国視点で見た場合に、相対的に不利となる地方や地域を何とか存続維持し、活性化させることとある意味軌を一にしたものなのです。

一方、グローバル化が進展し、多様なインバウンドと呼ばれる外国人観光客が日本に押し寄せ、大きな追い風と呼ぶことができるような現象が顕在化してきました。しかも、モノの消費から体験や経験の消費へ、つまりコトの消費へと消費者の嗜好が変化し、さらにはサブスクリプションと呼ばれる定額制サービスにより、モノの所有から使用へと消費の方法も変化しています。そして、これらが地方や地域にとっては活性化のための契機となり得るという可能性に、皆が気づきだしています。しかしながら、従来のような単純な地域資源の提供だけでは観光客の満足度を高めることはできません。例えば多くの郊外駅前再開発に見られるように、駅にたどり着いてその駅前に立ったときに、どこかで見た同じような風景を見ても観光客は感動しません。どこの街でも見かけることのできる金太郎飴のような地域活性化ではもはや成功に至らないだろうということなのです。そこでは各地域の文化や歴史等に基づき、その特徴や個性をいかに掘り起こし、再発見し、再評価し、そして何よりも現代風に新たに育て、再編集し、可視化していけるかが重要な視点となってくるのです。

このような状況の中で、多くの地方や地域の活性化は、まだまだ可能性を有しています。その提示・提供の仕方にも多様な可能性があるでしょう。そして、各地域が目指すべきは大都会のような活性化ではなく、地域に見合った適正規模の中で、持続可能な形で、身の丈に合った活性化をすること、それも各地域が有する固有性や独自性に着目し、その価値を伝えていくことなのです。そして、現代はＩｏＴの時代です。いかに効率よく、かつ有効にその価値をグローバルに情報発信できるか、グローバルにもローカルにもコミュニケーションを取れるかが肝要となってきます。これが、一貫して本書に流れる考えです。

現在はＣＯＶＩＤ－19（新型コロナウイルス感染症）の拡大により、世界中が大きな脅威にさらされ、世界中で人やモノの動きが止まってしまっています。人の生死にも関わるこの感染症を前に、誰もが安全安心と経済活動のバランスを取ることに苦心しています。この人類への大きな挑戦とも呼ぶことのできる状況の中でも、日常生活や経済活動において、いわゆる３密を避けてソーシャルディスタンスを維持した様々な試みが行われています。例えば、ウーバーイーツ等に代表される宅配業務、ネット旅行、リモート診療、リモート機器を使ったテレワークやワーケーション、教育機関等の遠隔授業、アマゾンに代表されるネット小売販売業等です。また、医療従事者等への支援や様々な応援メッセージが、自発的にＳＮＳを活用して発信・交流されています。ウィズ・コロナやアフター・コロナと呼ばれるこれからのニューノーマル社会では、本書において注目するＩｏＴやＳＮＳの使用は必ず高まるでしょうし、その結果として新たな価値を提供し、地域を元気づけることができる可能性を有しているともいえるでしょう。

それでは、この「はしがき」を閉じる前に本書がもたらす効果を提示しておきましょう。それは、本書がどのような読者を想定し、本書をどのような手順で読むことができ、そして本書を読むことでどのような理解が深まるのかということです。

本書はマーケティングの初学者はもちろんのこと、すでにマーケティングを実践している人にも、改めてマーケティングを見直す機会を提供することを目指しています。マーケティングは、売り手と買い手の相互作用を活性化することに尽きます。そして時代と共に、社会と共にマーケティングの表層形態もまた変わるものなのです。したがって、各時代や各社会でのマーケティングを探し求める人には是非読んでいただきたい本です。

さらには、ＳＮＳというメディアツールは、このマーケティングをローカルコミュニティやバーチャルコミュニティで実践する上で親和性が高いものとなります。地域活性化を目指す人やＳＮＳのビジネス活用を考える人にも是非手に取っていただければ幸いです。

まずは、**第1章**と**第2章**を読んでみて下さい。本書で想定されているマーケティングとは何なのかということを学ぶことができます。マーケティングの本質は売り手と買い手のマッチングです。そしてこのマッチングによって、売り手と買い手の両者に価値がもたらされるのです。また、社会科学の一研究領域であるマーケティング論は、社会的・歴史的規定を受けることとなります。マーケティング事象の本質は変わりませんが、それがビジネスの場で展開されるときには多様な形を持つことになります。

次に、**第3・4章**により、マーケティングにとってＳＮＳはいかに親和性が高いものであるのかを知って下さい。

そして**第5・6章**では、地域創生活動において、異質な売り手と異質な買い手の相互作用活性化をマーケティングが引き起こし、地域活性化を進めることができる可能性や道筋を確認して下さい。

消費が多様化、多面化、複雑化、動態化、そして成熟化している現代にあっては、市場調査や広告等のマーケティングの一部を行うことで終わるのではなく、マーケティングの本質を理解して、その上でビジネス展開や事業展開を行うような思考を身につけるべきです。現代は情報化社会であり、SNS等の情報ツールを効率性だけではなく効果・有効性の視点からも活用することが重要です。そのような思考を身につけていただきたく、本書は作成されています。したがって、本書のタイトルにある「ミカタ」は文字通り、「見方」と「味方」の両方の意味を込めています。

本書を手に取っていただいた方々には、現在そして将来のビジネス展開や地域活性化に少しでも有用な示唆を見つけていただくことを切に願っております。

令和3(2021)年如月

西村 順二

マーケティングとSNSのミカタ●目　次

第6章 マーケティングツールとしてのSNS——SNSの活用 165

第 1 章

マーケティングの本質

マーケティングとは何を指しているのでしょうか。そして、何を表わしているのでしょうか。この章では、「マーケティングが意味することは何か」を考え、そして「マーケティングの本質とは何か」という疑問について検討するものとします。

さて、よくあることですが、企業組織の方々とお会いした際に、「わが社もマーケティングをしていますよ」という言葉をお聞きすることがあります。しかし、よくよく話を聞いてみると、それは市場調査をしているということだとわかります。市場調査を行い、そして消費者のニーズを確認しているということとマーケティングを、ほぼ同義語で使われていることが多いようです。同様に、マーケティングを、強力な営業活動と思っている人もいます。また、エンドユーザーに向けての広告活動をもってマーケティングと考えている人もいるでしょう。確かに、マーケティングには、市場に向けた多様なビジネスの側面が内在されています。それは市場調査、販売管理、販売促進、営業、ＰＲや宣伝・広告、販路開拓、需要創造、価格付け、製品開発、そしてブランド化・ブランディング等々であるでしょう。それでは、これらの多様なビジネスの諸側面の何をもってマーケティングと考えればよいのでしょうか。

1　マーケティング論の端緒

ここで、少し遡って考えてみましょう。そもそもマーケティングとは、いつ、どこから生まれてきたものなのでしょうか。マーケティングの原語は、Marketingです。誰もが思うように、Marketに-ingがついたものです。すなわち、文字通りに読むならば「市場する」ということになります。用語が英語表記なのは、米国で生まれた概念であり、考え方であるからです。今から約120年前の1902年には、ミシガン大学の講座の中でMarketingという言葉がすでに用いられています[1]。また、学説史として見ると、マーケティング論の誕生は1910年代

1　米国におけるマーケティング問題の発生とその定式化、そしてそれらの体系的記述が進んだことは、アメリカ合衆国における工業経済の発展によって新製品や発明が生み出されていったこと、そしてそれに伴う市場経済が進展していったことの必然であったといえます。
それは、端的にいえば、成長拡大してきた製造業者がその販路問題への対応としてマーケティングを検討せざるを得なかったものなのです。したがって、例えば日本や欧州の幾つかの国々のように、商業や流通という社会経済的なシステム・機構が元々インフラストラクチャーとして整っている場合とは異なる状況下でマーケティングという考え方が必要とされたのです。

もちろん、日本や欧州のいくつかの国々でも、すでに存在した商業や流通と融合しつつ、マーケティングは発展していきました。そのような時期に、マーケティングの考え方が浸透していったのです。1911年に公刊された"Sales, Purchase, and Shipping Method"（Bartels著）に記述があります。詳しく知りた

にその端緒が見られます。一般的には、マーケティングの出発は、米国のショー（A・W・Shaw）が1912年に公刊した論文にあるとされています。[2] また、バトラー（R・S・Butler）が1910年代に公刊した一連の論文によってマーケティングという概念が最も早くに使用されたともいわれています。[3] いずれにしても、20世紀の初頭、1910年代の米国においてマーケティングの萌芽が見られ、これらの研究により、初めてマーケティングなる概念の理論的定式化が行われたといえるのです。

したがって、マーケティングという考え方は、120年ほど前にアメリカで生まれたものであり、日本においては、米国からの輸入学問であるといえます。その有する歴史は高々120年程度であり、他の学問、例えば数学、医学、天文学、歴史学、そして文学などと比べれば、学問としての歴史は相対的には短いのです。しかしながら、少なくとも1世紀の間、この120年間は、マーケティングという言葉は使われ続けてきましたし、今や、マーケティングという用語は普通に日常のビジネスの中で登場しています。

このように、ほぼ120年前に現れたマーケティングですが、もしもマーケティングという用語が、すでにそれまでに存在し、かつ使われてきた言葉と同じ意味を有するのであるならば、新しい用語としてのマーケティングは定着せず、人々の言の葉から消えていったといえるでしょう。また、現代のように使われることはなかったでしょう。しかしながら、現在もマーケティングという用語が使われ、そして厳然として存在しています。それはなぜでしょうか。それは、マーケティングという用語が、既存にはない意味内容を表しているということに他ならないからです。これまでに存在した用語と異なる、全く違った意味を持ったがゆえにマーケティングという用語は市民権を得て、使われるようになったのだといえるでしょう。

2 マーケティングとは何か——相互作用とは何を表わしているのか

改めて、原語が英語であるということに着目しながら、マーケティングの意味することを考えてみましょう。先に述べたように、マーケティングは英語表記では、Marketingです。一般的にマーケティングが意味している内容の1つとして、すでに述べたように、多くの人がいうものに市場調査がありました。マーケティングの原語が英語であるのですから、改めて英語表記を確認してみましょう。市場調査は、英語ではMarket Researchです。先に述べた販売管理、販売促進、ＰＲや宣伝・広告、販路開拓、需要創造、価格付け、製品開発、そしてブラン

い方は、『マーケティングサイエンスの系譜』（荒川祐吉著）や、『マーケティング理論の発展』（Bartels著）の32～43頁を参考にして下さい。

2　Shaw（1912）、Shaw（1915）や堀越（２０１５）を参照して下さい。

3　Butlerは複数の研究成果の中で、マーケティングという用語を用いて、その内容について説明しています。Butler（1911）、Butlerほか（1914）、Butler（1917）、近藤（１９８７）を参照して下さい。

ド化・ブランディングはどうでしょうか。それぞれに英語で表記すると、販売管理はSelling、販売促進はSales Promotion、ＰＲはPublic Relations、宣伝広告はAdvertising、販路開拓はChannel Management、需要創造はDemand Creation、価格付けはPricing、製品開発はProduct Development、そしてブランド化・ブランディングはBrandingやBrand Managementとなります。これらのどの言葉にもMarketingという文字は出てきません。つまり、皆がそれぞれにイメージしているマーケティングの多様な内容は、英語が原語であるMarketingという用語とは異なる用語（英語表記）で表わすことができるのです。ということは、上記の市場調査、販売管理、販売促進、ＰＲや宣伝・広告、販路開拓、需要創造、価格付け、製品開発、そしてブランド化・ブランディングは、直接的にはマーケティングそのものではないということになってきます。すなわち、その言葉それだけでは、必ずしもマーケティングを表わしているとはいえない、ということになります。

それでは、マーケティング・Marketingは一体何を意味するものなのでしょう。それは、現実的な人々の認識からいえば、上記の多様な意味内容を包含したものがマーケティングであるということになります。マーケティングには、「マーケティングの４つのＰ」と呼ばれる下位戦略が存在しています。すなわち、Product：製品戦略、Price：価格戦略、Place：流通・立地戦略、Promotion：販売促進戦略です。これらとの対応を考えてみると、例えば販路管理は、マーケティングの４つのＰの中の１つであるPlaceと呼ばれる流通・立地戦略に関するものとなります。広告は、4つのPの中のPromotionと呼ばれる販売促進戦略に含まれるものとなります。販売管理や販売促進もまたこのPromotionに含まれることになります。価格付けは、Priceと呼ばれる価格戦略に含まれます。製品開発やブランド化・ブランディングは、Productと呼ばれる製品戦略に含まれることとなります。そして、市場調査と需要創造は、これらマーケティングの4つのPに包含されるというよりは、これら4つのPを進めていくための前提作業としての市場調査、そして4つのPを進めた結果として得られる成果の1つとしての需要創造ということになるでしょう。

結局のところ、これらの多様な要素を含んだものがマーケティングとなるといえるのです。こういうと、取り留めのない、漠然とした概念のように考えられるのですが、ここでマーケティングはMarketに-ingがついたものであったことを思い出して下さい。つまり、市場にこだわるのがマーケティングなのです。その意味も込めて、マーケティングを日本語に翻訳すると「市場戦略」となります。経営戦略ではないし、企業戦略でも、競争戦略でも、事業戦略でも、人事戦略でも、そして財務戦略でもないのです。あくまでも市場との関係性の中で、企業組織が行うもの、市場に対してどのように対応すればよいのか、市場に対してどのように働きかければよいのかを考えるのがマーケティングとなります。そして、その働きかけは企業組織から市場への一方通行ではなく、消費者の塊である市場からも、購買や非購買という行動や、満足や不満足という反応による働きかけが生まれてくるのです。つまり双方向の関係性が存在することとなります。この企業組織と市場の間で生じている相互作用の活性化がマーケティングにおいては重要なのです。したがって、マーケティングとは何かという問いに対する答えとして、本書におけるマーケティングの定義は、次のように設定されることになります。

マーケティングとは、企業組織が消費者・市場に対して働きかけ、消費者・市場からの反応を受け取り、それに対応する行動を取るという相互作用である。

なお、注意すべきは、この定義はあくまでもマーケティング事象の定義であり、マーケティング目的の定義ではない、ということです。マーケティングとは何か、つまりマーケティングという事象とは何かを捉えたものです。当然ながら、マーケティングを実践していく結果としてのマーケティングの目的も考えられます。そして、マーケティングの目的もまた多様に存在するでしょう。以下でも触れますが、マーケティングの目的は時代と共に変化してきています。当初のマーケティング目的は売上高の増大であったものが、顧客創造となり、そして顧客満足の向上、顧客課題の解決、そして社会問題の解決へと変化してきているのです。そして、マーケティングという事象もまた、時代によって色づけられていきます。しかしながら右記の定義は、本質的な定義であると本書では捉えているのです。

それでは、ここで前述の定義に基づき、最も基底的な内容としてのマーケティングを考えてみましょう。それは、「生産物の社会的な移動に関わる人間の個人、集団、そして制度の行動やその定式化様式」[4]ということになるでしょう。ここで、この基底的なマーケティングでは、広範囲に広がり、抽象的な表現でもあり、実態として現実的に捕捉することには困難性が伴うこととなるでしょう。それでは、この広範囲に及ぶマーケティングの捉え方をもう少し具体的に考えるにはどうすればよいのでしょうか。本書では、この広範囲に及ぶ抽象的なマーケティングには、歴史的な規定がかかってくると想定しています。つまり、マーケティングといっても、各時代に応じたマーケティングがあり、この最も基底的なマーケティングをベースにして、各時代の課題や環境、マーケティングに対する要望から、その時代のマーケティングが表出してくることになる、というように考えるのです。

3 マーケティングの歴史性——歴史や時代と共に変化するマーケティング

このような視点から見ると、経験的対象として最も純粋な形で最高度に発展したのが米国のマーケティングであるということになります。[5] 1970年代の米国の経済状況や経済課題への

4 この定義は、マーケティングと呼ばれる事象を基底的な事実で表したものです。詳しく知りたい方は『マーケティングサイエンスの系譜』（荒川祐吉著）の9～12頁を参照して下さい。

解決という観点から、マーケティングは寡占的な製造企業が市場問題に対処するためのものとして位置づけられたのです。そして、そもそもマーケティングの実態が何を表わすのかについて考えるときに、その特徴として4つの命題が存在するということになります。それは、第1に、マーケティングは極めて特殊的・歴史的性格を持つということです。具体的にいうならば、資本主義経済が体制として寡占経済化する段階においてマーケティングが登場したということなのです。第2に、したがってこの当時のマーケティングは、市場問題に対処するための寡占的製造企業の活動様式の1つであるということになります。第3に、マーケティングは製造企業の対市場活動であって、商業ではありません。むしろ、それは商業と対立する性格のものとなるものなのです。製造企業は自社製品のみを販売したいという思いにかられます。その一方で、流通企業にとっては、特定の製造企業の製品だけが売れるだけではなく、他の製造企業の製品を含んだ品揃えが売れてくれれば、自社としての売上高は確保できます。したがって、特定の製造企業の製品だけの販路となる必要は、必ずしもないということなのです。そして、第4に、製造企業のうちでもマーケティングを効果的に行い得るのは寡占的製造企業であり、寡占的製造企業がマーケティング活動の主体となるということなのです。

これらの4つの命題から、マーケティング論の原点を歴史的に確立するに際して、次の2つの基本問題領域の存在が提起されることとなります。それは、第1に、マーケティングは、市場すなわち制度としての企業組織の外部で実行される寡占的製造企業の活動であるということです。したがって、寡占的製造企業という主体的要因と、制度としてこの企業を取り巻く環境である外部要因の交錯の理論化の問題であるということになってきます。第2に、この規定には、マーケティング活動の態様が歴史的に変動することが含意されることとなります。これは、先に述べた主体的要因と環境的外部要因、そしてそれらの関連の歴史的な変化から生じてくるものなのだということです。つまり、マーケティングには、これら諸要因とその関連の変化を説明するべきことが本来的に内在化されているということになります。[6]

このようにしてマーケティングを考えると、最も基底的なマーケティングの捉え方である「生産物の社会的な移動に関わる人間の個人、集団、そして制度の行動やその定式化様式」において、この定義のいくつかのパーツを確認しておく必要があるでしょう。まず、「生産物」には、製品・サービス、貨幣、商品資本、所有権・使用権、知的財産権・ブランドなどが時代によって当てはめられることとなります。また、「社会的移動」には、交換、売買、取引、さらには贈与などが時代の変化によって該当することとなります。そして、「人間の個人、集団、そして制度」については、個人・家族・第三者などの交換当事者、流通企業、製造企業、寡占

5　マーケティングが最も重要視されたのは1970年代の米国においてです。『マーケティング行動体系論』（田村正紀著）の2～3頁に詳しい記述があります。
6　マーケティングという概念は、時代によって変化してきます。それぞれの時代に求められる市場問題の解決方法がマーケティングなのです。『マーケティング行動体系論』（田村正紀著）6～7頁を参照して下さい。

的製造企業、そして消費者、これらの集団や団体などがやはり時代や歴史によって該当することとなるのです。したがって、マーケティングというとき、この歴史的に規定を受けた70年代から80年代の寡占的製造企業の対市場行動が最も典型的なマーケティングとなってきますが、歴史と共にマーケティングは変わってきているということも、考慮に入れておかねばならないのです。本書では、このように歴史的な規定を受けるものとして、マーケティングを捉えることとなります。

4 マーケティングの領域

これまで述べてきたように歴史的規定を受けるということは、時代によってマーケティングの捉え方も、また変わらざるを得ません。しかしながら、マーケティングを行うことは、例えば医療業務を行うこと、宇宙船を操縦して月へ行くこと、ピアノを奏でることとは、当然ながら外形的には異なっています。いくら歴史的に規定を受けるといっても、これらをもってマーケティングと呼ぶことには違和感を持つ人が多いでしょう。そこで、改めてマーケティングで想定すべき領域を考えておきましょう。それには米国テキサス工科大学マーケティング論教授のハント（Ｓ・Ｄ・Ｈｕｎｔ）の考え方が参考になります。

ハントは、マーケティングを行う主体として営利組織と非営利組織を区別した上で、それぞれに個人や組織行動を捉えるレベル（ミクロレベル）とそれらの塊を全体として捉えるレベル（マクロレベル）の2つの視点から捕捉することを行っています。さらに、ミクロレベルであれ、マクロレベルであれ、実証的にアプローチするのか、規範的にアプローチするのかというもう1つの視点からも眺めています。その結果、「営利－非営利」、「ミクロ－マクロ」、そして「実証的－規範的」という3種類の組み合わせから8つのタイプ分けをしています。下の**表1－1**を参照して下さい。ハントは、これらでもってマーケティングの領域、範囲、そして対象を網羅的に捉えるとしたのです。[7]

それでは、この8つの内容は、具体的には何を指すのでしょうか。詳細に整理したものが**表1－2**です。表1－2内の(1)から(8)までに示されているものが具体的な内容です。例えば、営

表1－1　マーケティング領域のカテゴリー基準

	実証的	規範的
営　利	ミクロ	ミクロ
	マクロ	マクロ
非営利	ミクロ	ミクロ
	マクロ	マクロ

出所：筆者が整理。

7　Hunt（1976）, Hunt（2010）を参照して下さい。

表1-2　マーケティング領域と範囲

		実証的	規範的
営利セクター	ミクロ（微視的）	(1) **以下に関する問題，事項，理論，そして研究** a．個人消費者の購買行動 b．企業の価格決定の方法 c．企業の製品決定の方法 d．企業の販売促進決定の方法 e．企業の流通経路決定の方法 f．マーケティング実践の事例	(2) **いかに企業は下記のようにあるべきかに関する問題，事項，規範モデル，そして研究** a．マーケティング・ミックスの決定 b．価格の決定 c．製品の決定 d．販売促進の決定 e．パッケージングの決定 f．仕入れ・購買の決定 g．国際マーケティングの決定 h．マーケティング部門の組織化 i．マーケティング努力の管理 j．マーケティング戦略の策定 k．マーケティング問題へのシステム理論の応用 l．小売事業体の管理 m．卸売事業体の管理 n．マーケティング概念の実践
	マクロ（巨視的）	(3) **以下に関する問題，事項，理論，そして研究** a．集計された消費のパターン b．マーケティングに対する制度アプローチ c．マーケティングに対する商品アプローチ d．マーケティングの法的側面 e．比較マーケティング f．マーケティング・システムの効率性 g．貧者はより支払うのか h．マーケティングは経済発展を進めるのか，遅らせるのか i．流通経路におけるパワーコンフリクト関係 j．マーケティング機能は普遍的であるか k．マーケティング概念は消費者の関心と一貫性があるか	(4) **以下に関する問題，事項，規範モデル，そして研究** a．いかにマーケティングを効率的に行うか b．流通コストは高すぎるのか c．広告は社会的に望ましいのか d．消費者主権は望ましいのか e．需要刺激は望ましいのか f．貧者はより支払うべきなのか g．マーケティングを規制する法律はどのような種類のものが最適か h．垂直的マーケティング・システムは社会的に望ましいのか i．マーケティングは特別な社会的責任を持つべきなのか

非営利セクター	ミクロ（微視的）	(5) **以下に関する問題，事項，理論，そして研究** a．消費者の公共財購買行動 b．非営利組織の価格決定の方法 c．非営利組織の製品決定の方法 d．非営利組織の販売促進決定の方法 e．非営利組織の流通経路決定の方法 f．公共財マーケティング実践の事例研究	(6) **いかに非営利企業は下記のようにあるべきかということに関する問題，事項，規範モデル，そして研究** a．マーケティング・ミックスの決定 b．価格の決定 c．製品の決定 d．販売促進の決定 e．パッケージングの決定 f．仕入れ・購買の決定 g．国際マーケティングの決定 h．マーケティング部門の組織化 i．マーケティング努力の管理 j．マーケティング戦略の策定 k．マーケティング問題へのシステム理論の応用
	マクロ（巨視的）	(7) **以下に関する問題，事項，理論，そして研究** a．公共財のための制度的枠組み b．テレビ広告は選挙に影響するのか c．公共サービスの広告は行動に影響するのか（例：森林火災防止キャンペーンのスモーキー・ベア） d．既存の公共財流通システムは効率的であるのか e．公共財はいかにリサイクルされるのか	(8) **以下に関する問題，事項，規範モデル，そして研究** a．社会は，政治家が歯磨き粉のように売られることを許すべきか b．公共財の需要は刺激されるべきか c．低品質コンテンツの政治的広告は望ましいか（例：10秒のスポット広告） d．アメリカ陸軍は雇用・採用のための広告をすることを許されるべきか

出所：Hunt（1976）.

利組織という主体に対して、実証的視点からミクロベースで接近した場合のマーケティング、つまり(1)とは、個人消費者の購買行動や企業のマーケティング活動に関する問題、事柄、理論や研究のことを指します。また、例えば非営利組織という主体に対して、規範的視点からマクロベースで接近した場合のマーケティング、つまり(8)は、非営利組織が提供する公共的な属性を持つ製品やサービスは、そもそも通常の消費財やサービスのように販売促進などのマーケティング活動の対象として適切であるかどうかに関する問題、事柄、規範モデルや研究のことを指します。マーケティングは、歴史的に規定されるものではあるのですが、すべて何でもマーケティングなのだ、ということではなく、このような領域や範囲を持ってマーケティングは捉えられるものなのです。以上の考え方に基づき、本書ではマーケティングを、企業組織が消費者・市場に対して働きかけ、消費者・市場からの反応を受け取り、それに対応する行動を取るという企業組織と消費者の間の相互作用としているのです。

5 マーケティングがもたらす価値——なぜ相互作用は起こるのか

さて、マーケティングを考えるにあたって、さらに注意しておかねばならない重要なことがあります。それは、マーケティングには、そして上記の企業組織と消費者の間の相互作用には、そこに生み出される価値創出が不可欠であるということです。

すでに述べてきましたが、マーケティングの本質は企業組織と市場との間の相互作用でした。それでは、この相互作用は、なぜ動き出すのでしょうか。企業組織と市場は、なぜ互いに関わり合うことになるのでしょうか。それは、この相互作用によって利害関係者に対して何らかの価値が生み出されるからです。逆にいえば、もしも何の価値も創出されないのであれば、この相互作用は全く生じてこないことになるでしょう。

では、ここで企業組織にとっての価値、そして消費者にとっての価値とは、何を指すのでしょうか。一般的に価値とは、消費者が得るベネフィットについて認知されたコストに関連して、消費者が認知するベネフィットにおいて概念化されるものであり、「価値＝ベネフィット／コスト」として捉えられます。したがって、極めて情緒的なものであり、主観的なものであり、関係的なものとなります。[8] これをより現実的にいうならば、企業組織にとっては、消費者に受け入れられ、その結果として企業組織に対して大きな売上高や利益を生み出してくれることが価値となります。また消費者にとっては、魅力的で、消費者自身の不満・不平を解消し、満足度を高めてくれることが価値となります。さらには、企業組織といえども地域社会の一員であり、また消費者も地域社会の一員であることから、この相互作用を通して社会に役立つ、社会

8　企業組織が提供する価値については、多様な捉え方がありますが、ここではかけたコストに対してもたらされるベネフィットでもって価値を想定しています。Surhone ほか（2010）を参照して下さい。

に貢献するということも両者にとっての価値となります。

さて、もう少し具体的に見てみましょう。想像してみて下さい。今、あなたは空腹です。しかし、宿題も結構出ていて、早く片付けねばなりません。そこで、ピザの宅配を注文し、30分もしないうちにピザが届き、教科書を読みながら空腹を満たしました。お腹は一杯です。次はすっきりしたものを欲しくなります。そして冷蔵庫にある炭酸水を飲みました。もうあなたは満足ですね。

ところが、その時点で、友人がサンドイッチを持ってきてくれました。どうでしょうか。そうですよね、もうお腹は一杯なので、サンドイッチなんて見たくもないですよね。別の友人が懐石料理を食べに行こうと誘ってきました。あなたは、懐石料理を食べに出かけますか。いいえ、決して食事には出かけないでしょう。懐石料理店へ行くのは、時間がたっぷりあって、お金に余裕があって、皆で楽しく語り合いながら、おいしい料理を食べたいときですね。勉強や仕事があって時間がないという状況の中で、お腹がすいているときには、手軽に、すぐに空腹を満たしてくれるものがあれば、それを購入しますし、お腹が一杯のときには、食べ物は必要ないでしょう。マーケティングとは、適切な消費者に、適切なタイミングで、適切な製品・サービスを、適切な価格で提示・提供していくことなのです。それにより企業組織と消費者の間の相互作用が活性化します。そして、このように相互作用が働いているということは、すなわちそこに価値が生まれた、価値が提供されたことになるのです。価値が生まれるのは、例えば次のような場合です。

●暑いときの冷たい麦茶
●寒いときの温かい1杯のコーヒー
●お腹がすいたときのおにぎり1つ
●すぐに約束の場所へ行かねばならないときのタクシー
●肌寒いときのマフラー

などなどです。必要なときに、必要なものが、必要な量だけ、必要な人に提供されてこそ、意味があり、それでこそ価値があるのです。マーケティングとは、まさしくそういう点で価値を生み出すものなのです。

第2章

マーケティング・ミックスと消費者の関わり方の変化

どのようにして相互作用は起こるのか

1 マーケティングにおける4つのPと環境——PESTとD-STEP

第1章で、本書におけるマーケティングを、「企業組織が消費者・市場に対して働きかけ、消費者・市場からの反応を受け取り、それに対応する行動を取るという相互作用である。」と設定しました。ところで、この企業組織と消費者の間の相互作用は、どうすれば動き出すのでしょうか。何もせずに放っておいても、自然発生的に相互作用が起こるのでしょうか。いや、そうではないでしょう。当然ながら、この相互作用を活性化させるものが必要になってきます。それはマーケティングの4つのPであり、マーケティング・ミックスとも呼ばれます。

マーケティング・ミックス、すなわちマーケティングの4つのPは、次の4つから構成されます。まず製品戦略（Product）です。どのような機能を有した製品を開発し、提供するのかを考えるものです。新製品開発や用途開発、さらにはブランディングなどを行います。次に価格戦略（Price）です。低価格で売り出すか、高価格で売り出すかの値付けをどうするか、割引価格の導入をどうするかなどを考えます。そして流通・立地戦略（Place）です。どの販路を活用して自社製品等を売り出せばよいか、リアル店舗かネット販売か、自社販売するか既存の流通経路を利用するかなどを考えます。そして、販路である流通経路（流通チャネル）を管理する方法を検討します。最後に販売促進戦略（Promotion）です。これは、どのメディアを活用し、どのタイミングでどのようにして製品等に関する情報を顧客に届けるべきなのか、を考えます。広告の内容や方法を検討するなどです。すべて英語の頭文字に「P」が付いていますので、マーケティングの4つのPと呼ばれるのです。これらは、マーケティングにおける下位戦略と位置づけられ、マーケティング展開の大きな方向性を決めるよりは、具体的な行動、つまり戦術レベルでの検討となります。

さて、このマーケティングの4つのPをなぜマーケティング・ミックスと呼ぶのでしょうか。それは、4Pがそれぞれに独立して働き、それぞれがより高い機能を遂行していくことを目指すのではなく、これらが統合された1つの塊として機能するところに、その戦略としての強み、面白みがあると考えるからです。すなわち、4つのPの組み合わせ・編集が大切であり、それゆえに4つのPをミックスとして考えれば、その組み合わせ方や編集には多様性があるということになるのです。企業組織が有する経営資産（ヒト、モノ、カネ、情報）は、様々です。業界のトップを走るリーダー企業もあれば、それを追いかけるフォロワー企業、リーダー企業に果敢に挑戦するチャレンジャー企業、そして相対的に規模の小さな市場セグメントであるニッチ市場に特化するニッチャー企業も存在します。大規模企業もあれば、中小規模や零細規模の企業も存在します。また、全国的に周知されていて、全国市場を対象とする企業もあれば、ある一定の地域だけに知られていて、地域市場を対象としている企業も存在します。これらの各タイプの企業組織が有する経営資源は多様となり、マーケティング・ミックスを編集するとしても、その経営資源の多寡やその内容によってマーケティング・ミックスの編集方針や編成も変わってくるのです。

次に、マーケティング・ミックスの中身とは何なのでしょうか。その実態は何なのでしょうか。それは4つのPを全体として1つにまとめて、集合体としての有効性を生み出し、それにより企業組織にとっての環境に適応し、企業組織と消費者の間の相互作用を活性化させる4つのPの組み合わせ様式、すなわち編集方針なのです。

そこで、まずは企業組織を取り巻く環境から考えてみましょう。企業組織は単独で存在するものではなく社会環境の中に置かれます。当然ながら環境からの影響を受け、企業組織が取り得る行動はそれにより変化することになります。この企業組織が影響を受ける環境要因を考えるにあたって、マーケティングでは、「PEST分析」と呼ばれる環境を捉える1つの視点が一般的に使われています。PESTとは、政治的要因（Political Factor）、経済的要因（Economic Factor）、社会的要因（Social Factor）、そして技術的要因（Technological Factor）を指しています。これらは企業組織を取り巻く環境を整理したものなのです。

例えば、保守系等から革新系等に政治の勢力がシフトすると政策は変わることがあります。結果的に政治的要因は、企業のビジネス活動に影響を及ぼすでしょう。次に、米国や中国、そして欧州の経済状況が変わると世界的なマクロ経済が何らかの影響を受けます。経済要因は企業の業績等にも影響を及ぼします。そして、人口の縮減化や少子高齢化社会の到来、結婚しない女性や男性の増加、また女性の晩婚化は、消費や雇用の面で企業のビジネス活動に影響を及ぼします。また、「一流大学に進学し、一流企業に就職し、その中で出世を目指し、生涯にわたり勤め上げる」という従来の社会的価値観だけではなく、多様な価値観が表出してきていることも企業行動に少なからず影響を及ぼします。これらは社会的要因と呼ぶことのできる環境要因です。さらに、技術的要因はまさしく企業にイノベーションを生み出すものですし、情報や物流に関する技術革新は新しい価値を提供してくれます。そして、それはモノだけではなくサービスやコトにまで拡張してきていますし、これらのイノベーションは消費者の生活行動も変えてしまうだけの影響力を持ち得るのです。

なお、このようなPEST分析と呼ばれる環境要因の分類は長く使われてきたものですが、近年は人口動態の問題がクローズアップされてきています。特に日本をはじめとする先進国では成熟化が進み、この人口動態は社会の活力に直接繋がる大きな社会課題となってきています。そこで、本書では大きくは社会問題に包含される人口動態という環境要因にあえてフォーカスし、影響力の高い1つの要因として注目します。したがって、人口動態的要因、すなわちDemographic Factor を別途1つの環境要因として取り上げることにより、従来のPESTをD－STEPとして捉えることにします。

2 マーケティング・ミックスによるD-STEPへの適応
――マーケティング・ミックスの意味すること

(1) 触媒としてのマーケティング・ミックス

次に、マーケティング・ミックスの内容について考えてみましょう。すでに述べてきたように、マーケティングは環境によって影響を受けるものです。しかし、それはマーケティングの4つのPが直接的に影響を受けるということではなく、これらの組み合わせであるマーケティング・ミックスが影響を受けることになるということなのです。前述してきたように、「マーケティングとは、企業組織が消費者・市場に対して働きかけ、消費者・市場からの反応を受け取り、それに対応する行動を取るという相互作用である。」とするならば、この相互作用を動き出させて、さらに活性化させるために、このマーケティング・ミックスが相互作用に対する触媒の作用をもたらすものとなるのです。例えるなら、調味料でいう「さしすせそ（砂糖、塩、酢、醤油、味噌）」を単独で使うのではなく、合わせ調味料として使うことが肝要となるのです。企業組織は、D-STEPという環境に対して適応することが求められており、それは、このマーケティングの４つのＰを上手く編集することによって、叶うことになるのです。

　なお、この４つのＰは端的に表すなら次の通りとなります。前節でも言及していますが、もう一度確認しておきましょう。Productは、製品に関する戦略であり、どのような特徴を持った製品を開発するか、製品の寿命はどのくらいに長さを想定すればよいか、製品の品揃えやラインアップはどのように設定すべきか、ブランド化を図るべきか等を考えます。Priceは製品の値付けをどうするかの意思決定です。高価格にするのか中価格にするのか、低価格にするのかを考えます。また、値引きをどこまで行うのかということ等も考えます。Placeは、自社の製品をどのような販売経路を通して最終消費者に届けるべきかを考えます。広範囲にどの小売店でも取り扱われるような流通経路を選択するのか、特定の小売店舗でしか取り扱われないような流通経路を選択するのか、さらには自社で直接販売をするような流通経路を選択するのか等を考えます。そして、Promotionは、広告のメディアのどれを選ぶのか、そもそも何を訴求する広告を作るのか、イベントやキャンペーンを行うのか等を考えます。

　環境は常に変化しますが、この統制可能な４つのＰを上手く組み合わせて、それによって統制不可能な変化する環境、すなわちＤ－ＳＴＥＰへの適応を図ることになるのです。

(2) マーケティング・ミックスの編集方針

さて、マーケティング・ミックスという視点からは、この4つのPの編集方針には2つの基本形ともいうべき様式が存在します。それが、プッシュ戦略とプル戦略です。**図2－1**を参照して下さい。次のように整理できます。

プッシュ戦略：

使用方法等に関する説明が必要な製品やサービスで、価格は高く、取り扱われる流通経路は限定的であり、販売促進は狭い範囲で限定的に行われます。したがって、製造業者が卸売業者に対してコミュニケーションを取り、それに刺激を受けた卸売業者が小売業者にコミュニケーションを取り、そしてさらにこれに刺激を受けた小売業者が最終消費者に対してコミュニケーションを取るものです。また場合によってはこの三者（製造業者、卸売業者、そして小売業者）が合同で最終消費者に販売促進を働きかけるということになります。

プル戦略：

ある程度の製品やサービス情報は周知であり、価格帯は値頃価格で形成され、取り扱われる流通経路は広範であり、販売促進は広域に行われます。すなわち、まずは製造業者が直接的に最終消費者に対してコミュニケーションを取ることとなります。そして、最終消費者がそれに反応して、小売業者に製品品揃えをするように働きかけ、当該小売業者が卸売業者に働きかけて仕入れを誘導し、そして当該卸売業者が製造業者に働きかけて仕入れを行う、というものです。

このプッシュ戦略とプル戦略は、マーケティング・ミックスの編集の上で、あくまでも1つの指針を表す両極端であり、この両極端から中間ゾーンでの4つのPの組み合わせが実際には形成されることになります。**図2－2**を参照して下さい。プッシュ型のマーケティングを進めていく場合には、4つのPの組み合わせ方において、流通段階の関係者がすべて最終消費者に向けて働きかけていくために、丁寧かつ安定的

図2－1　プッシュ戦略とプル戦略のプロセス

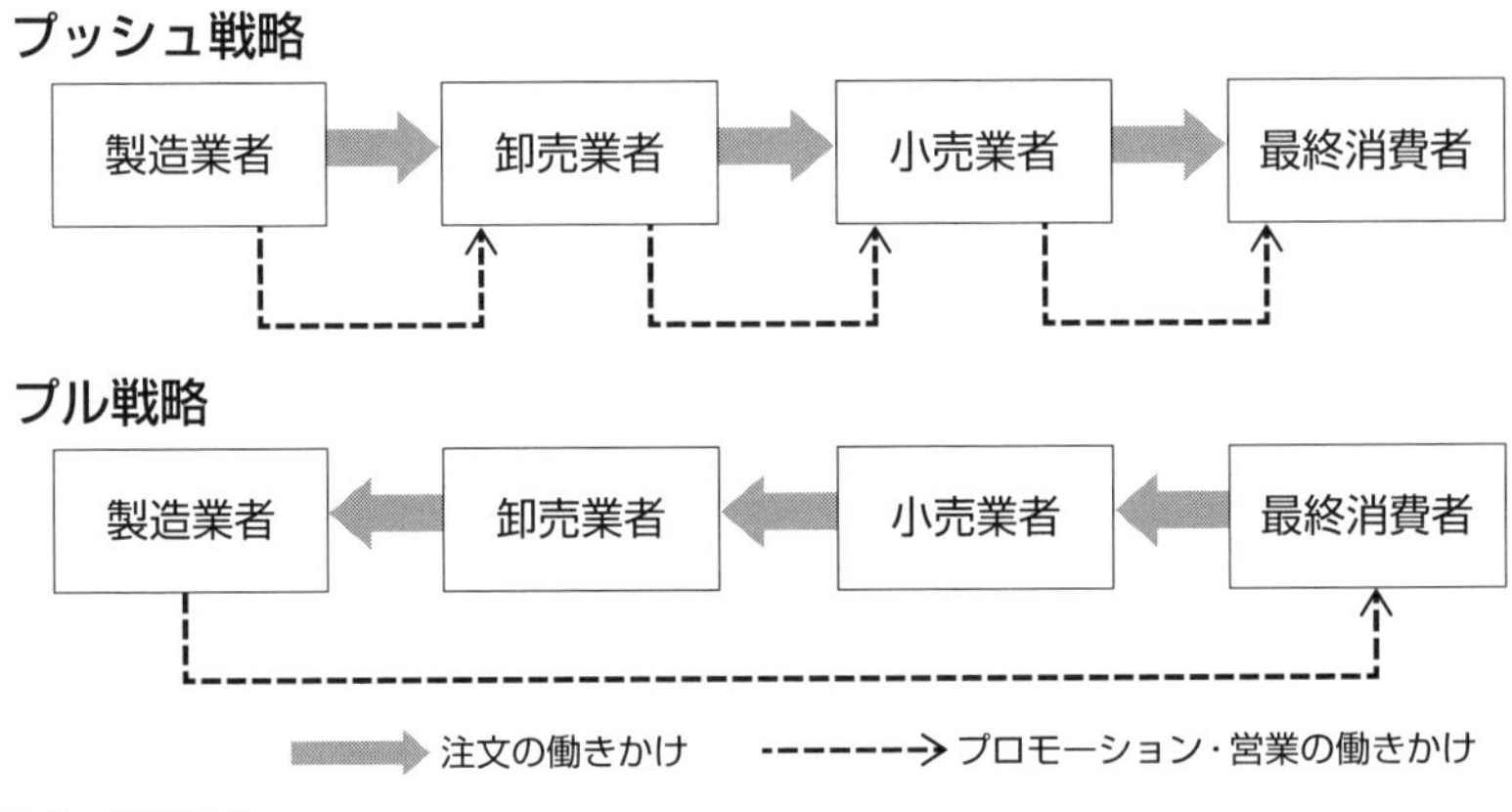

出所：筆者作成。

に働きかけていくことが必要になります。それによって、製品戦略では低いブランドロイヤリティの製品をメインとし、販売促進戦略では人的販売促進重視となり、価格戦略では相対的に高い価格が設定され、そして流通経路戦略では安定した経路の構築という組み合わせとなります（**図２－２**の左側の４Ｐ構成です）。これに対して、プル型のマーケティングを進めていく場合には、４つのＰの組み合わせ方において、流通段階の関係者には直接関わることなく、まずは最終消費者に直接働きかけることが最優先されます。それにより、製品戦略は高いブランドロイヤリティを構築し、周知されるようなものであることが求められます。販売促進戦略は直接的に最終消費者に訴えてい

図２－２　プッシュ戦略とプル戦略の４つのＰ

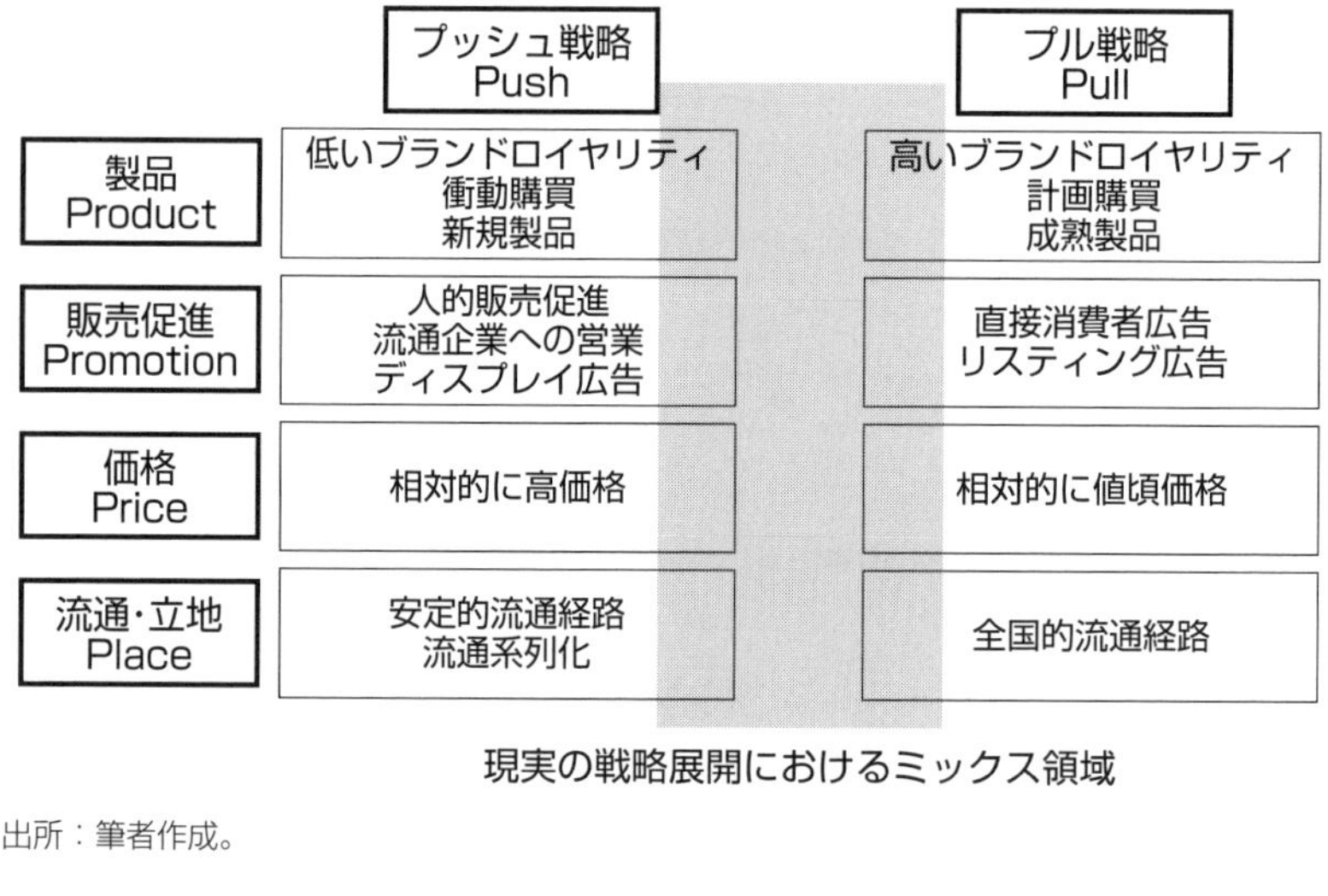

出所：筆者作成。

くような広告が行われ、価格戦略は相対的には消費者にとって値頃感のあるものとなり、流通経路戦略は最終的にはエンドユーザーにとって全国至る所で入手しやすい流通経路の構築となります（**図2－2**の右側です）。

(3) マーケティングのPDCAサイクル

この4つのPの組み合わせであるマーケティング・ミックスにより、企業組織は消費者に働きかけることになります。この際に注視すべきことは、いわゆるPDCAサイクルを動かすということです。それも不断に、です。一度成功したら、それで終わりではなく、常にこのマーケティング・ミックスを使って、生産と消費の間の相互作用を活性化し続けることが肝要です。成功している企業は、常にこのPDCAサイクルを回しながら、マーケティング・ミックスでもって不断に買い手に働きかけているのです。そして、このサイクルの中で、マーケティング・ミックスの構成を考えねばならないということです。それは、**図2－3**のようなステップで進められます。このサイクルに従い、企業組織と消費者の間の継続的・連続的な相互作用が生まれ、結果として生産と消費のマッチングが実現することになるのです。

ここでは、まず企業組織としての、あるいは事業単位である事業部としてのSWOT分析が行われます。企業組織や事業部単位を取り巻く環境の分析です。それは、環境を企業組織外部と内部に区別し、さらにポジティブなものとネガティブなものに区別します。組織の内部にあってポジティブなものを「Strength: 強み」、組織の内部にあってネガティブなものを「Weakness: 弱み」と呼びます。また、組織の外部にあってポジティブなものを「Opportunity: 機会」、組織の外にあってネガティブなものを「Threat: 脅威」と呼びます。これらの4つのタイプに環境を整理し、それぞれに企業組織がどのような環境下に置かれているのかを、自己認識するものです。SWOT分析は、これで終わらずに、クロスSWOT分析まで行わないと意味がありません。SWOTと呼ばれる4つの属性視点をそれぞれに組み合わせて、取るべき方向性や戦略を導き出すことま

図2－3　マーケティングの一連の活動サイクル

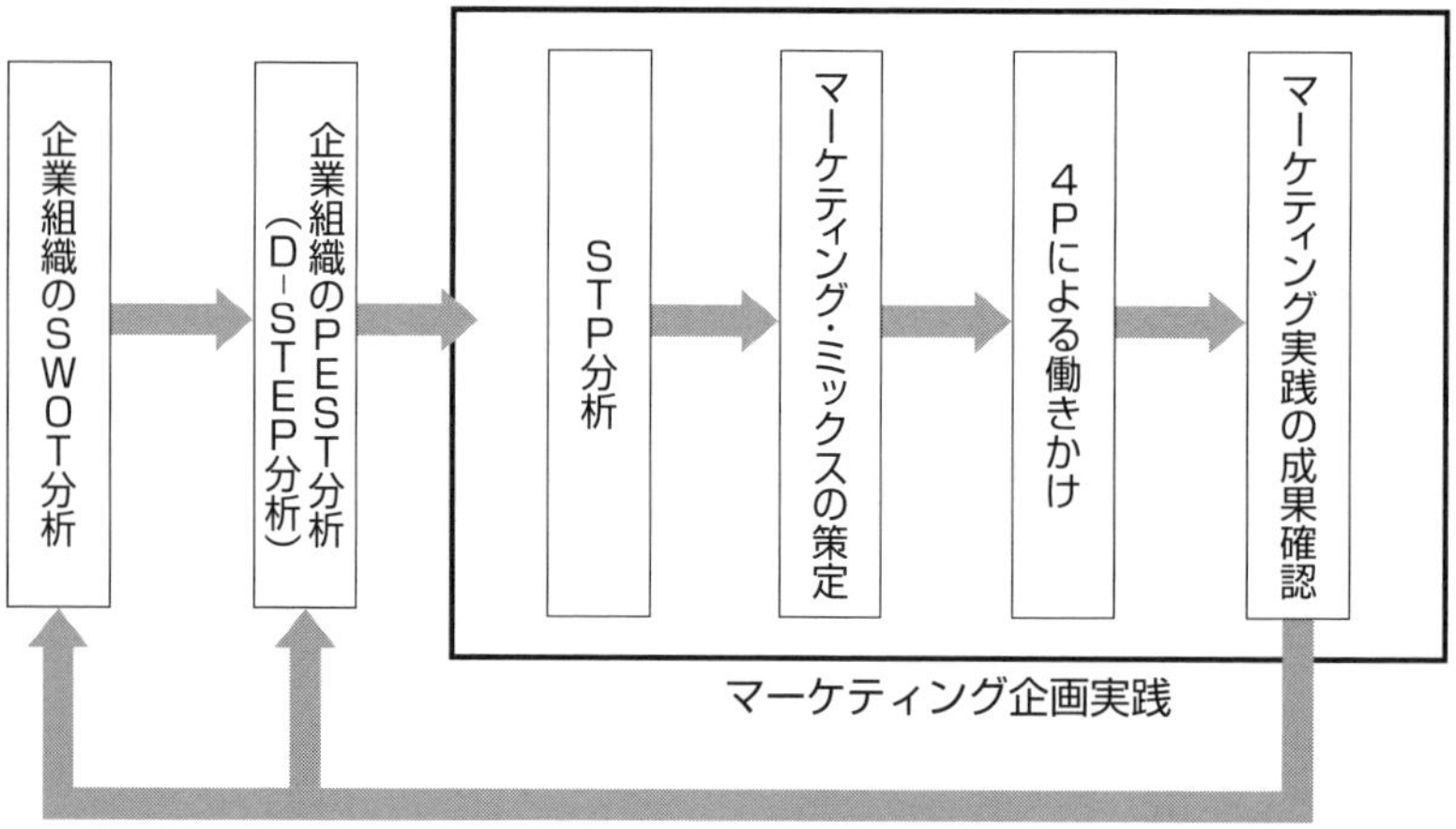

出所：筆者作成。

で行うことで、ＳＷＯＴ分析は完結します。例えば、強みを活用して機会に乗ずる、また強みを活用して脅威に対処する、そのためには何をするのかを考えることが重要なのです。

次に、ＰＥＳＴ分析に進みます。これについては、上で述べてきました。本書では、Ｄ－ＳＴＥＰと呼んでいるものです。方向性が決まれば、環境であるPolitical Factor：政治的要因、Economic Factor：経済的要因、Social Factor：社会的要因、そしてTechnological Factor：技術的要因、さらにはDemographic Factor：人口動態的要因を確認・考察するということです。そして、これらの環境に適合するような形で４つのＰを編集していくことになります。

そして、ここからが、マーケティング企画の実践となります。最初にＳＴＰ分析を行わねばなりません。４つのＰを編集するとしても、その対象となる消費者・市場はどこに設定すればよいのでしょうか。それを意思決定していくのがＳＴＰ分析となります。ＳＴＰは、Segmentation、すなわち全体市場をアクセスしやすい同質的な塊に分類していく細分化、Targeting、すなわち目標の細分（セグメント）を設定し標的市場を確定する、そしてPositioning、すなわち選択したセグメント内で競合との関係性を考慮した位置取りを行うことからなります。目標とするセグメントが決まり、そこでの位置取りも決まると、次に目指すべきはマーケティング・ミックスの編集となります。すなわち４つのＰを編集することです。これも、すでに述べたように、プッシュ型かプル型かの編集方針を決めた上で、具体的に編集されていきます。そして、そのミックスにより、目標とするセグメントに働きかけることになります。その際に注意すべきは、ＳＷＯＴ分析による戦略方針に従い、かつＳＴＰ分析に基づくマーケティング・ミックスの編集を心掛けることとなります。

そして、マーケティング・ミックスによる消費者・市場への働きかけの後は、その成果を観察し、評価して次のマーケティング・ミックスによるマーケティング活動に反映することとなります。これらの流れにより、いわゆるＰＤＣＡサイクルが回ることになるのです。

(4) 「4つのP」と「4つのC」の違い

さて、４つのＰに基づき企業組織と消費者市場との相互作用を回していくということが重要であるといってきましたが、この４つのＰは、異なる視点から見ることができます。それは、消費者の視点から見てみるということで、４つのＣと呼ぶことができるものです。マーケティングの４つのＣは、１９９０年にロバート・ラウターボーンが提唱したものであり、４つのＰに対応して捉えることができます。それは**図2-4**のようになります。

製品戦略とは、本来企業組織から見たものであり、それは消費者から見れば、どのような価値があるのか、どのような価値を購入したいと思っているのか、ということです。価格戦略とは、企業組織から見れば価格付けをどうするのかということですが、消費者から見れば、それは費用であるのです。すなわち、消費者はどれだけのコストをかけて、製品と呼ばれるある種の価値を手に入れようとするのか、ということなのです。流通経路戦略は企業組織から見れば、どのような流通経路を選択し、管理し、活用して自社製品やサービスを消費者に届けるのかということですが、消費者から見ると、それは異なってきます。消費者から見れば、それは利便性なのです。いかに便利にその製品やサービスを入手するのか、ということなのです。そして、販売促進戦略は消費者に対してどのように情報を伝えるか、それは広告が適切なのか、口コミが適切なのかなどを考えます。これを消費者から見れば、企業組織とどのようにコミュニケーションを取ればよいのか、ということになります。これらは基本的にはコインを表から見ているのか、裏から見ているのかであって、コインそのものは変わりません。それは企業組織と消費者の相互作用でしかないのです。

では、なぜわざわざ4つのCという考え方が登

図2－4　4つのPと4つのCの対応

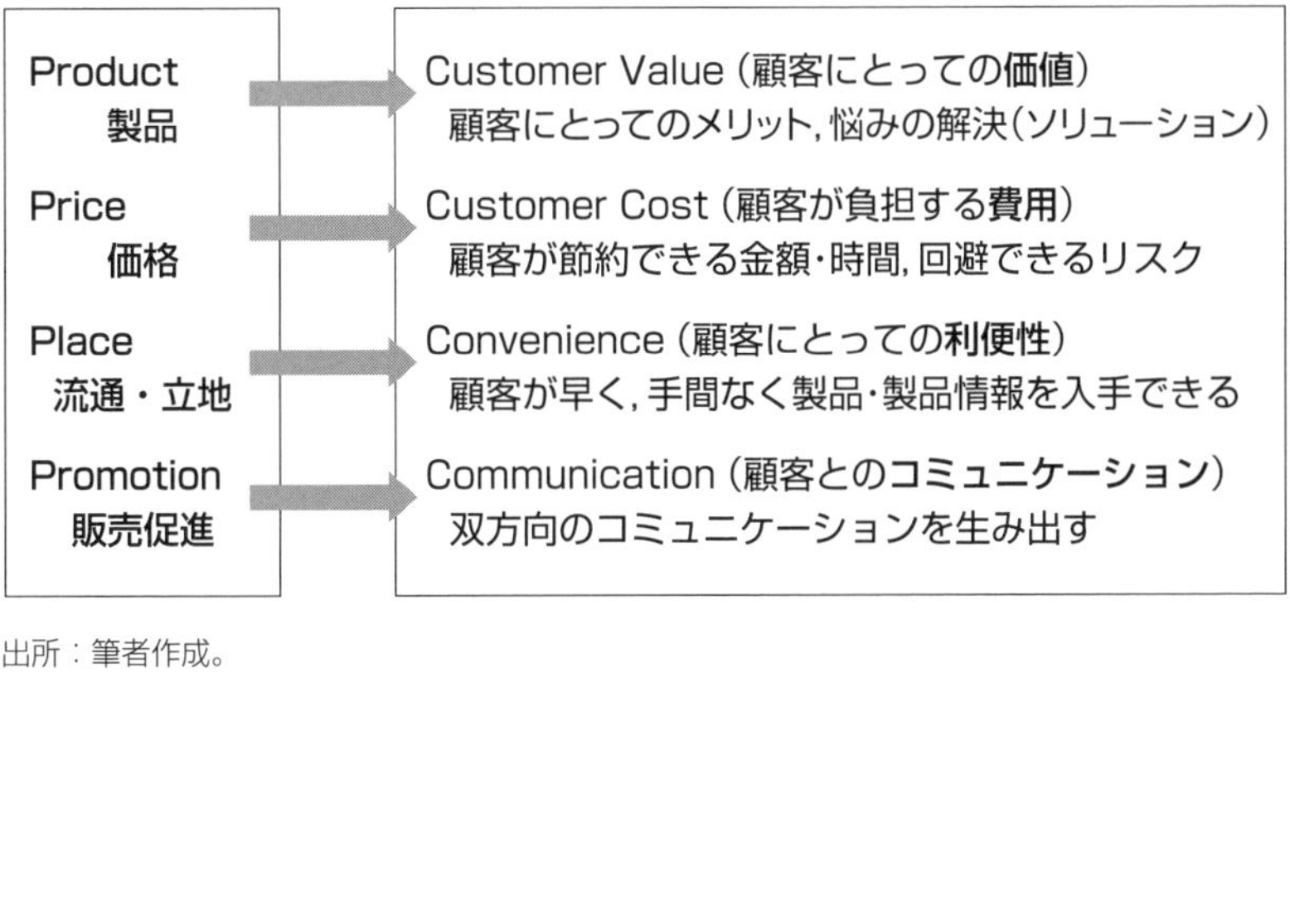

出所：筆者作成。

場したのでしょうか。４つのＣと呼ぶことで何が変わるのでしょうか。従来は、マーケティングでは、どのようにして消費者に働きかけるのか、ということに重点が置かれてきました。しかしながら、どんどんと消費者が変化し、多様化し、多面化していく中で、企業組織から見て消費者を正確に捉えて相互作用を引き起こすことに困難性が高まってきたため、近年は、消費者の視点から見るという４つのＣへの変化も見られるのです。４つのＣから現実を見れば、今まで売り手側の都合で見てきた売り手と買い手の相互作用が買い手にとってどのような意味があり、どのような価値を生み出しているのかが見えてきます。例えば、大手百貨店が従来「売り場」と呼んでいた店舗フロアを顧客が買物をする場所だとして「お買い場」と呼ぶようになりました。そうすると、買物をする場所なのだから、当然購入した商品をまとめる場所も必要であろうと荷物置き場を設置しました。また、別の百貨店では、店舗フロアは顧客がじっくりと時間をかけて過ごす場所であるとして、「お過ごし場」と呼ぶようになりました。そうすると、時間を過ごすのだから休憩用のソファーやベンチが必要である、一息入れる喫茶室も必要であるとして、これらを設置しました。売る場所という視点からなら、少しでも商品展示・商品露出することを考え、売場台の設置などを進めていたことでしょう。これらは、４つのＰでは見えていなかったものが、４つのＣとなることにより見えてきたということなのです。

3 マーケティングにおけるその役割の広がりと変化

マーケティングの本質は変わりませんが、その範囲や対象などは歴史的な規定を受けつつ、変化することはすでに述べてきました。ここでは、そのマーケティングの変化を具体的に捉えてみましょう。マーケティング１・０、マーケティング２・０、マーケティング３・０、そしてマーケティング４・０という言葉でその変化を表わすことができます。

そもそもマーケティング１・０、そしてマーケティング２・０は現代でも使われています。したがって、例えば「マーケティング１・０はマーケティング２・０にとって代わられる」、「今やマーケティング４・０しか存在しない」ということではありません。それぞれは同時に存在しつつ、１・０をベースに２・０は動き、２・０をベースに３・０や４・０は動いていると考えられるものなのです。

(1) 製品を販売するマーケティング1・0とは

それでは、まずはマーケティング１・０から確認してみましょう。１８９０年代・１９００

年代初頭に生まれたマーケティングそのものが、マーケティング1・0ということになります。マーケティング1・0は、「製品管理中心のマーケティング」といわれています。それは、「工業化の時代、すなわち、コア・テクノロジーが工業用機械だった時代には、マーケティングとは工場から生み出される製品をすべての潜在的購買者に売り込むことだった。製品はかなり基本的で、マス市場のために設計されていた。規格化と規模の拡大によって生産コストをできるかぎり低くし、価格を下げてより多くの購買者に買ってもらおうとしたのである。」[1]という規格化された製品の大量生産に基づく低価格提供によるマーケティングであったのです。1950年代から1960年代、そして1970年代にかけては、アメリカにおいて産業の中核となる製造業が大きく成長し、産業革命期に大きく向上した製造技術のさらなる進展が見られました。また、経済成長に伴い総需要が総供給を上回るようになり、「良いものを作っておけば、それをより安くすれば売れる」とされていたのです。したがって、この時代には、コストをできるだけ低く抑え、その上でより良い製品を製造し、広告を通して消費者にそれを伝えていくという販売方法が主となったのです。それは、大量消費を目の前にして、大量生産体制が整い、また製品の種類がそれほどは多くなく、消費者にとっての選択肢が限られていた中で、大量生産を進めて多数の消費者に製品の中身を伝えて、製品に対する関心・興味を持って購入してもらうということでもあったのです。

そして、それを支えたのは、価格弾力性の存在です。価格の変化に対して消費者が反応する程度を表すのが価格弾力性です。これが高い時代ですから、当該製品の価格を下げることで、当該製品を購入する消費者が増加するという状況だったのです。どちらかといえば、企業組織主体でのマーケティングが行われていたといえるでしょう。したがって、どのような属性や価値を持った製品を生産し、取り揃え（製品戦略：Product）、どの流通経路上のどのような店舗を経由して消費者に届け（流通経路戦略：Place）、どのような広告宣伝を通して消費者に情報を伝え（販売促進戦略：Promotion）、そして売り手と買い手が納得するようないくら位の価格で販売するのかの値付けを決定して（価格戦略：Price）、消費者へのアプローチを考える「マーケティングの4つのP」というフレームワークを活用しながら、マーケティング1・0は進められたのでした。そこでのマーケティングの目的は、製品を販売することに限られていたといえるでしょう。

(2) 消費者を見定めるマーケティング2・0とは

1970年代そして1980年代を経て1990年代になると、製造技術がますます発展することにより低価格で製品を作ることができるようになり、多数の類似製品が市場に出回るよ

1 『コトラーのマーケティング3・0』（コトラーほか著）16頁を参照のこと。

うになりました。また、いわゆる１９７０年代に生じたオイルショックが、アメリカをはじめとする先進諸国の経済に大きな打撃を与え、それを機にアジアを中心とした国々の市場への進出・台頭により、製品のコモディティ化が起こることになりました。そこでは、有効需要を生み出すために市場の価格競争がさらに進み、「作れば売れる」という時代はもはや終焉を迎えることになります。

そうなると、企業組織が製品を安く売ることではなく、今度は買い手にとって何が必要であるか、つまり消費者のニーズを知ることが重要になります。製品でなく、消費者を中心に据えるべきであるという考え方が起こってきたのです。これがマーケティング２・０の捉え方である「消費者志向・買い手志向のマーケティング」です。マーケティング２・０では、買い手をいくつかの属性ごとにまとめて細分化（セグメンテーション）し、接近すべき市場細分（セグメント）を特定化して、そのセグメントのニーズに適応した製品を提供するスキームが必要になりました。これが、ＳＴＰ分析と呼ばれる、現在使われているマーケティングのフレームワークです。ＳＴＰはすでに述べたようにセグメンテーション、ターゲティング、ポジショニングを表します。この枠組みを想定して、その上でターゲットを決めて４つのＰでもって消費者に働きかけることになるのです。現代でも、まだまだ多くの企業がこのマーケティング２・０の段階に留まっています。一般的にマーケティングといえば、このマーケティング２・０がイメージされるのです。

このマーケティング2・0について、コトラーは次のようにいっています。少し長くなりますが、見ておきましょう。すなわち、「需要を生み出すことがかつてより難しくなり、4Pだけではやっていけなくなった。……この20年の間に、消費者は購買についてより賢い判断を下すようになった。多くの製品が、明確なポジショニングを持たないために消費者のマインド内でコモディティ（独自性がなく他の製品で容易に代替できる製品）ととらえられていた。……製品需要を刺激するために、マーケティングは百パーセント戦術的な次元からより戦略的な次元に進化した。効果的な需要創出のためには、あらゆるマーケティング活動で『製品』に代えて『顧客』を中心に据えるべきだということを、マーケターたちは理解した。」[2]ということです。したがって、マーケティング2・0とは、消費者中心のマーケティングと考えられているのです。

(3) 新しい価値を創出するマーケティング3・0とは

マーケティング1・0そしてマーケティング2・0の時代に続き、1990年代から2000年代にはマーケティング3・0という考え方が登場してきました。

2 『コトラーのマーケティング3・0』（コトラーほか著）48～52頁を参照のこと。

この時代には、次のような4つの大きな社会経済の変化が表面化してきます。第1に、成熟化し、かつ多様な情報を蓄積した「賢い消費者」が多数を占めるようになりました。第2に、市場では多様な製品があふれかえり、コモディティ化が大きく進み、市場競争はさらに激しくなってきました。この第1と第2の変化については、大きくは市場の成熟化といってよいでしょう。携帯電話を例に挙げると、デザイン・機能において似たようなものが何十種類も製品化されています。さらには、製品の機能において、ユーザーにとっては、当該製品の持つほとんどの機能を使いこなすことが不可能なくらいの数の機能を装備しています。それにより製品の差別化をはかることが困難となってきているのです。そこでは、どのような使い方、どのようなシーンで、どのような価値を、それも個人的な価値だけではなく、社会的な価値にまで広げて、体感できるのかが重要となってきます。

そして第3に、従来直接的にはビジネス課題とはされてこなかった環境や社会問題への注目度が高くなり、環境問題や社会問題等に取り組むことが企業組織にとっても重要課題となってきています。そして、それはある種の企業組織の社会的責任でもあるとされるようになってきました。もはや企業組織は、利益を追求するだけでなく、倫理的視点から事業活動を行い、それにより主体的に社会貢献する責任を果たすべきであるという考えが重要となってきたのです。いわゆる、社会的課題の顕在化です。SDGsやEGS投資に表わされるように、地球温暖化、環境問題、貧困問題、少子高齢化社会等の社会的諸問題に対峙し、自社に何ができるのか、社会問題志向のユーザーに対してどのような支援ができるのかが重視されるようになってきたのです。

さらに第4に、インターネットやＩｏＴ等の情報基盤の大きな普及により、多様な情報を誰もが自由に受信・発信できるようになったことです。端的には、ＳＮＳの発展です。フェイスブック、ツイッター、ＬＩＮＥ、そしてインスタグラムと呼ばれるＳＮＳが大きく発展したため、製品・サービスや企業組織自体に関する膨大で多様な情報が、インターネットの中で自由に交換され、最終消費者もそれら情報を自由に入手できるようになりました。さらには情報を受けることだけではなく、最終消費者は情報を発信することもできるようになったのです。このユーザー発の情報は、ＳＮＳというコミュニティの中では大きな信頼性を持つこととなり、他者に共有化・共感化されると共に、従来のマスメディアに劣らないくらいの情報の周知を実現することができるようになったのです。

なお、このＳＮＳ効果とも呼べるものは、企業組織側も消費者側も同様に享受しており、企業組織と消費者の両者において送り手と受け手の同時共存が実現しているのです。すなわち、情報の入手からさらには情報の発信にまで、その時間・場所・質・量における対称性は広がっています。当然ながら、製品・サービスの購入や製品・サービスの開発における大きな影響には着目しなければなりません。

これら上記の４つの変化に応じて、企業組織は経済問題の解決だけではなく、さらに上位にある社会問題の解決にも貢献し、経済だけでなく、社会にとっても必要で重要な組織的存在であることを求められるようになってきたのです。これらを前提条件としてマーケティング３・０では、「マーケターは人びとを単に消費者とみなすのではなく、マインドとハートと精神を持つ全人的存在ととらえて彼らに働きかける。消費者はグローバル化した世界をより良い場所にしたいという思いから、自分たちの不安に対するソリューション（解決策）を求めるようになっている。混乱に満ちた世界において、自分たちの一番深いところにある欲求、社会的・経済的・環境的公正さに対する欲求に、ミッションやビジョンや価値で対応しようとしている企業を探している。選択する製品やサービスに、機能的・感情的充足だけではなく精神の充足をも求めている」[3]とされています。

では、マーケティング３・０とは端的にいえば何なのでしょうか。それは「価値主導のマーケティング」と呼ばれるものです。現代社会では、社会課題が注目され、個人の価値観も大きく変化し、多様化してきています。したがって、単純に自分自身のニーズを満たすために製品・サービスを購入するだけではなく、製品・サービスが有する社会的価値やそのもたらすシーンや物語に対しての共感が重要になってくるのです。現代社会ではソーシャルメディアが流布していきます。したがって、このＳＮＳが利用されることにより、製品やサービスが有する社会的価値やシーン・物語が多数の他者に容易に共有され、共感されることになるのです。

(4) 自己実現と組織実現を実効化するマーケティング4・0とは

マーケティング4・0は、ステークホルダーの自己実現を目指すマーケティングを意味します。なぜ、この考え方が生まれてきたのでしょうか。それは、1990年代~2000年代のマーケティング3・0を経て、2010年代になると、消費者が製品・サービスを購入・購買する際のプロセスにおいて、「買うのか、買わないのか」という判断をする際の影響要因、すなわち消費者が考慮するであろう購入・購買の意思決定要因に変化が起こってきたということです。それは、SNSの影響によるところがあります。現代社会では、SNSというソーシャルメディアによって、消費者や購買者が主体的に情報発信をすることができるようになりました。製品・サービスを入手した後も個々人で独自にカスタマイズをし、情報発信という購買後のプロセスまでをも加味する傾向が大きくなってきたため、企業組織と消費者が製品・サービスを共創すること、そしてそれを通してなりたい自分になる、自己実現ができるようになるということが重視されるようになってきたのです。それがまさしく、マーケティング4・0という

3 『コトラーのマーケティング3・0』(コトラーほか著)17~18頁を参照のこと。

うマーケティングの考え方の根幹になるのです[4]。

なりたい自分になる、自己実現するということは、アブラハム・マズローの欲求5段階説に基づき説明されている「生理的欲求」、「安全的欲求」、「社会的欲求」、「尊厳要求」はすでに満たされ、さらに上位の「自己実現欲求」を満たすことを求めるということです。

フィリップ・コトラーは次のように述べています。すなわち、「アブラハム・マズローの欲求5段階説の最上位は自己実現ですが、ある製品を通して自己実現できるということは、カスタム化された、個人化された製品であるということです。最高の自分を引き出してくれる製品・サービスをつくれることが、マーケティング4・0だと考えています。いまだマーケティング4・0の概念は完璧なものではなく、まさに研究している最中ですが、それを実践できている企業はほとんどありません[5]」ということなのです。すでに述べてきているように、マーケティング4・0で自己実現を目指すという場合に、消費者の自己実現だけではなく、企業組織の自己実現をも目指す必要があります。企業組織社員の各自が何をしたいのかという自己実現に着目し、消費者と共に企業組織全体で社会に役立つ、各自の自己実現につながる製品・サービスの開発、そして提供が求められています。そして、この2つの自己実現が結果として、消費者を当該製品・サービス、あるいは企業組織のファン化へと導き、さらにはその結果現代のソーシャルメディアが活用されて消費者間のコミュニケーションの中でも自発的に製品・サービス、さらには企業組織に関する情報が行き来することになるということが想定されているのです。

なお、マーケティング４・０では、デジタル経済におけるカスタマー・ジャーニー（製品やサービスを知った顧客が購入・推奨に至るまでの道筋）の質の変化に対応すべきであるとされています。そしてマーケターが果たすべき役割は、認知（Awareness）から最終的に推奨（Advocacy）に至るまで、対象顧客がカスタマー・ジャーニーをしている間の全過程にわたって、顧客の道案内をすることであるとされているのです。[6] マーケティング４・０では、このブランド認知から始まる購買やファン化の道筋、つまり消費者の購買行動プロセスを５Aで捕捉するとしています（**表２－１**）。ソーシャルメディアが普及している現代においては、消費者は、認知（Aware）→訴求（Appeal）→調査（Ask）→行動（Act）→推奨（Advocate）という５つの段階を経て、購買行動を完結する購買プロセスが存在することになるのです。そし

4　フィリップ・コトラーによる最新作『資本主義に希望はある』（ダイヤモンド社）の日本版出版を記念して、DIAMONDハーバード・ビジネス・レビュー編集部が単独インタビューを実施したものに基づく。『DIAMONDハーバード・ビジネス・レビュー：マーケティング４・０の時代に、日本企業は何をすべきか』（https://www.dhbr.net/articles/-/3850）を参照のこと。
5　同右。
6　『コトラーのマーケティング３・０』（コトラーほか著）2～3頁を参照のこと。なお、２０２１年に、コトラーは「マーケティング５・０」を提唱しています（Kotler P., H. Kartajaya, and I. Setiawan（2021））。そこでは、デジタル化がもたらすジレンマに対して、人と機械（技術）の共生を基盤にしたカスタマー・ジャーニーの価値向上が重視されています。

て、これまでの消費者の購買行動において想定されていたファネルと呼ばれる漏斗形状が、ＳＮＳによる情報拡散により、すぼむことなく再び広がっていくことが可能となるのです。

以上、ここまで見てきたマーケティング１・０からマーケティング４・０への変遷ですが、消費者の立場から見てみると、マーケティング１・０では、消費者は当該製品が良いものだから購買しようとしていました。マーケティング２・０では、当該製品・ブランド・企業組織に興味があり、購買してみたいということから購買していました。マーケティング３・０では、企業組織が提供する製品・サービスの社会的価値やその社会貢献に賛同して、当該製品を購買するという姿勢でした。そして、マーケティング４・０では、企業組織の社会的価値を生み出す行動とその製品・サービスが自分自身の価値観や人生観とマッチングするから購買する、そしてソーシャルメディアを活用することにより、それを他者と共有化していくことで自己発露する、ということであったのです。こうして見てみると、マーケティングは、１・０から２・０、そして３・０へ、さらには４・０へと順次展開してきたということではないでしょう。それぞれに、企業組織が実現できるマーケティングを実践してきた中で、マーケティングの「タイプ」が変わってきたということなのです。マーケティング４・０がベスト・マーケティングであり、他のマーケティング１・０、マーケティング２・０、そしてマーケティング３・０は劣位にあるマーケティングであるということではありません。現代でもマーケティング２・０の考え方は、マーケティングの基本であり、有効であることに変わりはありません。しかしなが

表２－１　消費者購買行動のカスタマー・ジャーニーのマッピング

	顧客の行動	考えられる顧客タッチポイント	顧客の主な感想
認知（Aware）	顧客は過去の経験やマーケティングコミュニケーション，それに他者の推奨から，受動的に沢山のブランドを知らされる	・他者からブランドのことを聞かれる ・たまたまブランドの広告に触れる ・過去の経験を思い出す	知っている
訴求（Appeal）	顧客は自分が聞かされたメッセージを処理し（短期記憶をつくったり，長期記憶を増幅したりする）少数のブランドだけに引き付けられる	・ブランドに引き付けられる ・検討対象にする少数のブランドを選ぶ	大好きだ
調査（Ask）	顧客は好奇心に駆られて積極的に調査し，またメディアから，さらにはブランドから直接，追加情報を得ようとする	・友人に電話してアドバイスを求める ・オンラインで製品レビューを検索する ・コールセンターに電話する ・価格を比較する	良いと確信している
行動（Act）	追加情報によって感動を強化された顧客は，特定のブランドを購入する。そして，購入・使用・サービスのプロセスを通じてより深く交流する	・店舗かオンラインで購入する ・その製品を初めて使う ・問題について苦情を言う ・サービスを受ける	購入するつもりだ
推奨（Advocate）	時と共に，顧客は当該ブランドに対する強いロイヤリティを育む。それは，顧客維持，再購入，そして最終的には他者への推奨に表れる	・そのブランドを使い続ける ・そのブランドを再購入する ・そのブランドを他者に推奨する	推奨するつもりだ

出所：コトラーほか（2017）97～103頁。

ら、時代は変わり社会経済環境も変わっていきます。企業組織のあり方や目標、消費者の価値観・嗜好・行動も変わってきています。さらには企業組織が取り扱う製品・サービスの属性（コモディティ化されたものかブランド化されたものか等）、そして、企業組織自体の属性（大規模企業か中小零細規模企業か、全国企業か地方企業か等）による違いも存在します。したがって、ダイナミックな変化の中で、マーケティングが1・0から4・0というバリエーションを持つことは当然のことでしょう。これからの企業組織は、これらを組み合わせながら、マーケティング4・0の視点でいうならば、結果として社会課題を解決していかねばならないのです。

第3章

ソーシャルメディアおよびSNSユーザーの諸特徴とマーケティング適応

1 情報化社会のSNSユーザー

現代社会が情報化社会と呼ばれるようになって久しく、今やＩＴやＩｏＴは、我々の身近な生活において、そして企業組織の経済活動等においてインフラストラクチャーの1つとなっています。また、ビッグデータ分析やＡＩに代表される、高度な情報処理のための技術や環境整備に基づき、質的変化とも呼ぶことのできるイノベーションを生み出す可能性が大きく期待されています。将棋の名人がＡＩ将棋を活用していること、自動車の自動走行技術、タクシーだけに留まらず食にまで広がるウーバーのシステム、スマートフォンによるキャッシュレス決済、5Ｇがもたらすｖｒ（バーチャルリアリティ）やマルチアングル視聴等、これら高度に発展した情報環境や情報技術により、社会経済は大きく変わりつつあります。ユーザー側は、情報機器を使いこなしながらインターネットの海を、まさしくネットサーフィンしながら、あらゆる情報にアクセスできます。また、リアル店舗での現物購買行動ではなく、インターネットによる買物行動、インターネットによる生活に必要な情報探索行動、ＳＮＳによる自己表現や自身の情報発信が可能となり、多様な使い方が実現しています。

本章では、この現代社会のインフラストラクチャーと化した情報通信の中でも、特にＳＮＳ

と呼ばれるソーシャルメディアのユーザーに注目します。インターネットのユーザー、そしてＳＮＳのユーザーはどのような特徴を有しているのかを明らかにし、ある種のタイポロジーが存在することを明らかにすることを目指します。そして、このＳＮＳがいかにマーケティング活動と親和性が高いかということについても考えてみましょう。

2　スマートフォンのＰＣに対する代替性と優位性

我々の現代生活の中で、今やスマートフォン（以下では、スマホとします）やパーソナルコンピュータ（以下では、ＰＣとします）が存在しない状況を想定することができるでしょうか。これらの機器なくして、生活をスムーズに送ることができるでしょうか。疑うことなく、その答えの多くは、否でしょう。今やスマホやＰＣは、生活になくてはならないものとなっています。スマホが生活必需品のようになってしまったのは、そのもたらしてくれる便益がソリューションであるからです。思い出の記録、情報収集、コミュニケーション、他者との連絡、メモ、エンタテイメント、決済や支払い、退屈しのぎ、自己表現・自己発露等、様々な問題や不満、困り事等に対する解決策をスマホが提供してくれるということです。もちろん従来はＰＣがその最強ツールでしたが、スマホがＰＣと同様の機能を付加し、多機能化が進み、元来の機能をより便利に進化させていくにつれて、ＰＣと並ぶソリューションツールとなり、今や10代や20代の若者はスマホですべてのソリューションを解決するくらいの勢いで必需品化してきています。

例えば、大学生は学習する際や講義時におけるツールとして、その多くがスマホを活用しています。レポート作成・提出、資料収集、メモ書き、プレゼンテーション等に利用し、就職活動を始めることになって初めてＰＣ、そしてそのアプリケーションであるワード、エクセル、パワーポイント等を利用するようになります。新型コロナ感染症の影響により、２０２０年度は多くの大学での講義がリモートでの実施となり、そのために、好むと好まざるとにかかわらず、すべての大学生にはＰＣを利用することが必要となりました。それでも、まだまだスマホを利用する大学生が多数散見されますし、スマホでリモート講義を受講する大学生もいます。友人間のコミュニケーションでは、もちろんスマホの利用率は絶大なものがあります。

図３－１は、総務省の『平成29年版　情報通信白書』に基づくデータです。ＰＣによるインターネットへの１日当たりの接続時間は、２０１２年の34・９分から２０１６年は35・５分と微増です。接続時間に大きな変化が見られない中で、自宅での利用が２０１２年の20・９分から２０１６年の14・０分へ減少し、職場での利用が２０１２年の12・６分から２０１６年の20・７分へと増加を示しています。すなわち、ＰＣネットでは、自宅での利用から職場での利用へとその利用場所の中心が移ってきています。一方でモバイルネットでは、２０１２年から

図３－１　使用場所別に見たＰＣとモバイルのネット利用時間の推移

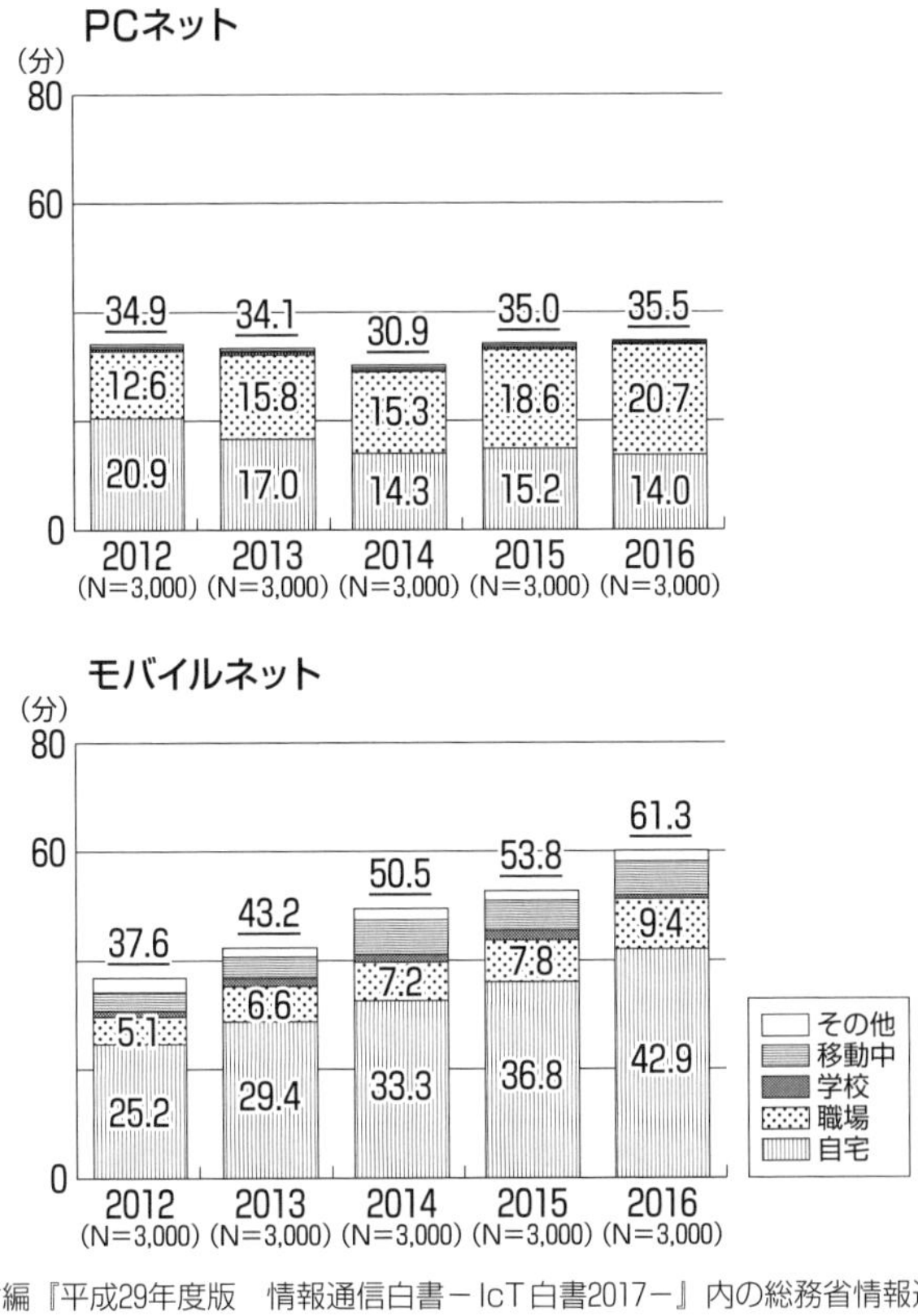

出所：総務省編『平成29年度版　情報通信白書－IcT白書2017－』内の総務省情報通信政策研究所「情報通信メディアの利用時間と情報行動に関する調査」。

２０１６年にかけて右肩上がりを示し、１日当たりの接続時間が２０１２年の37・６分から、２０１６年には61・３分へと約１・６倍に、その利用時間を増やしています。さらに、注目すべきは、自宅での利用時間が、２０１２年の25・２分から２０１６年には42・９分へと１・７倍も増加していることです。ＰＣネットとモバイルネットを併せると、１日当たりのインターネットへの接続時間は、２０１２年の72・５分から２０１６年には96・８分へと増加し、その利用場所という点では職場ではＰＣ、そして自宅ではモバイル機器によるインターネット接続が行われているということになります。

　次に、インターネット利用機器について見てみましょう。**図３－２**は、個人利

図３－２　個人でのインターネット利用機器の状況

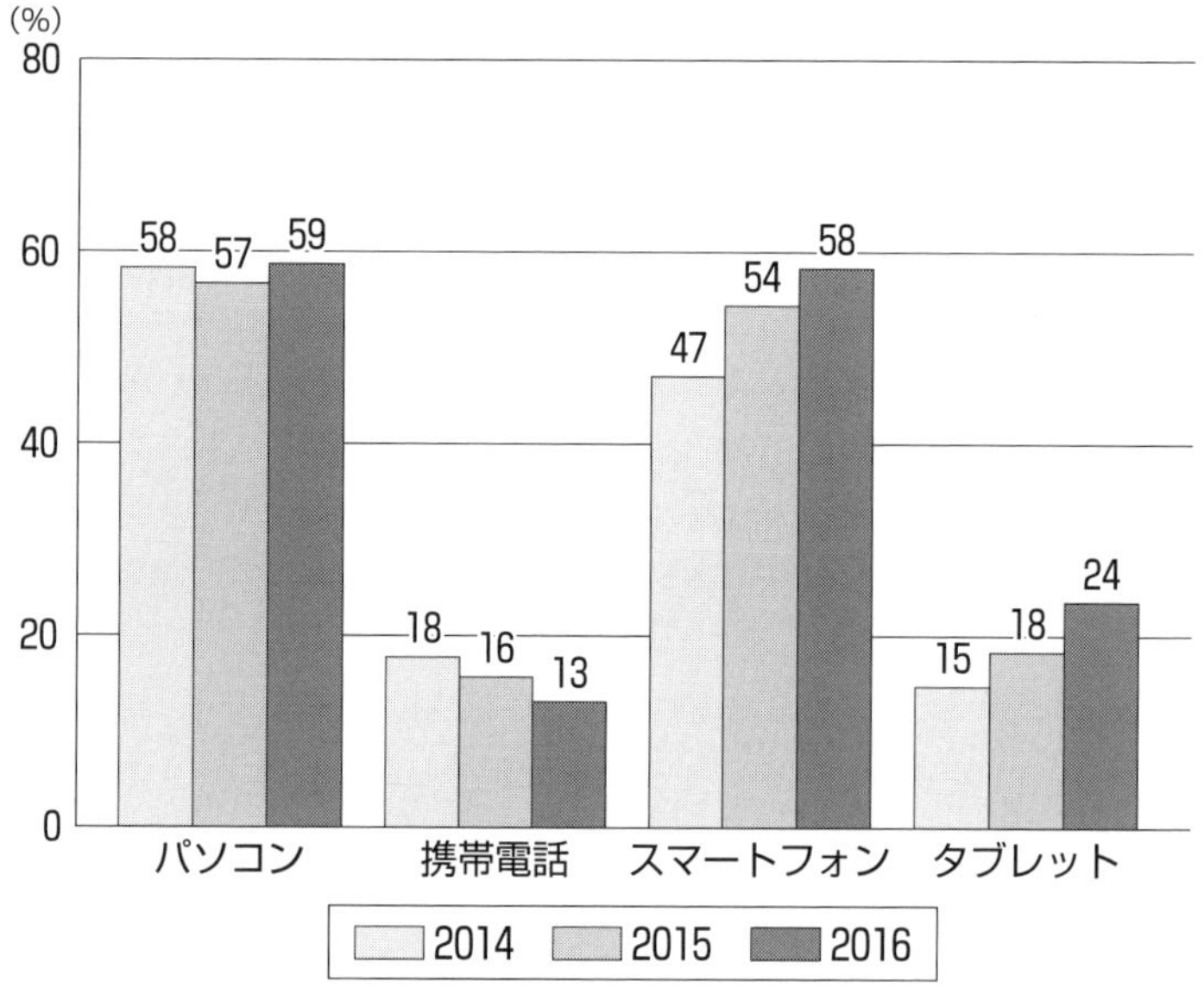

出所：総務省編『平成29年度版　情報通信白書－IoT白書2017－』内「総務省 通信利用動向調査」を一部修正。

用でのインターネット機器の利用状況です。２０１４年から２０１６年にかけて、ＰＣ利用は横ばいですが、スマホが47％から58％へと増加しています。また、タブレットも全体から見て相対的には利用が少ないですが、増加傾向にあります。なお、インターネット利用者に限ったスマホ利用割合を算出すると71％に上がり[1]、スマホの利用が圧倒的に多いことがわかります。つまり、インターネットへの接続という点では、その中心的な機器は、もはやＰＣではなくスマホであり、かつそれは職場での業務を離れて個人での利用において、優位性を有しているということになるのです。

スマホがここまで流布し、支配的なものとなったことの極めて大きな原因の1つに、アプリケーションを提供することによって、これらのコア革新技術をサポートし、その有効性を大きなものにしてくれる支援企業・支援産業、そしてそれらが生み出すソフトウエアやアプリケーション等の存在を挙げることができるでしょう。そして、その最大の貢献者がＳＮＳなのです。言い方を変えれば、スマホからＳＮＳの諸機能をなくしてしまうと、これら最新機器の魅力は減少するどころか半減してしまうかもしれないといえるほどの影響力なのです。それではこのＳＮＳが他のメディア等と比べて、ユーザーにおいていかに浸透しているのか、いかにマーケティングと親和性が高いか、そしてマーケティングを実践する上でいかに重要となるかについ

1　総務省編『平成29年度版　情報通信白書－ＩｃＴ白書２０１７－』８頁を参照のこと。

て考えてみましょう。

3 ユーザーから見たSNSとソーシャルメディア

さて、SNSを考察する場合に、ソーシャルメディアという言葉をよく耳にすることがあります。ここでいうソーシャルメディアとは、SNSと同じものなのでしょうか。一般的には、これら2つは区別されて言及されています。同義語であれば、それぞれ2つの言葉が同時に存在することはないからです。そこで、SNSとソーシャルメディアの差異について確認することから始めてみましょう。

『平成30年版 情報通信白書』に基づくと、ソーシャルメディアは「平成29年 通信利用動向調査」での定義に従い、「ブログ、ソーシャルネットワーキングサービス（SNS）、動画共有サイトなど、利用者が情報を発信し、形成していくメディア」とされています。いわゆるマスメディアとは異なり、ソーシャルメディアは、「利用者同士のつながりを促進する様々なしかけが用意されており、互いの関係を視覚的に把握できるのが特徴」とされています。[2] そして、このソーシャルメディアとして具体的には、以下のものが挙げられています。すなわち、①フェイスブック、②ツイッター、③LINE、④その他のSNS、⑤その他のオンラインチャット、⑥ブログ、⑦情報・レビュー共有サイト、⑧掲示板、⑨メーリングリスト、⑩オンラインゲームです。[3] 具体的にソーシャルメディアを構成するこれらのコンテンツから、ソーシャルメディアとは、メディアとしての機能だけではなく、利用者同士の繋がりを促進し、そこでの相互作用が生み出され、そしてそれらを見える化・可視化するものといえるでしょう。これに対してマスメディアは、不特定多数の人々に対して情報を発信することは可能ですが、ユーザー間の交流という点でも、その関係性の可視化という点においても、相対的に劣るものであるといえます。このソーシャルメディアの中で、ＳＮＳはソーシャルメディアの１つの具体化されたものと位置づけられていますが、その実態から見ると、特に「特定多数の仲間と位置づけられる人と人の関わり、繋がり、そして連携・連帯に強みを生かす相互作用のツール」ということになります。ＳＮＳとは、Social Networking Service であり、まさしく人と人とが結びつくインターネットにおいてオンラインで実現するコミュニケーション・ツールのことを意味しているのです。さらには、自己表現、他者との共感という点で、その自由度、容易性、そして拡散性において、ＳＮＳは他のソーシャルメディアに比べて大きく優位にあるといってもよいでしょう。以上のことから、ＳＮＳとソーシャルメディアの関係性を捉えることができます。

2　総務省『平成29年　通信利用動向調査報告書（世帯編）』用語集および総務省『平成30年版　情報通信白書』164～165頁を参照のこと。
3　総務省『平成30年版　情報通信白書』158～160頁を参照のこと。

ポジショニングマップに表すと、**図3－3**のように表すことができます。

このようにソーシャルメディアの中で、SNSは特に人と人との繋がりを生み出し、それは不特定多数ではなく、特定多数の人々と繫がることを可能にし、それゆえに感動や感銘を仲間に対して広く共有化しやすい、拡散しやすいツールであるということでしょう。また、それゆえに自己認証欲求の高いユーザーには、より適したツールとなったということでしょう。

それでは、本書でのSNSの定義はこのように設定されるとして、このSNSそのものに着目し、SNSの実態を見てみることにしましょう。**図3－4**を見てください。総務省「平成29

図3－3　SNSの位置づけ

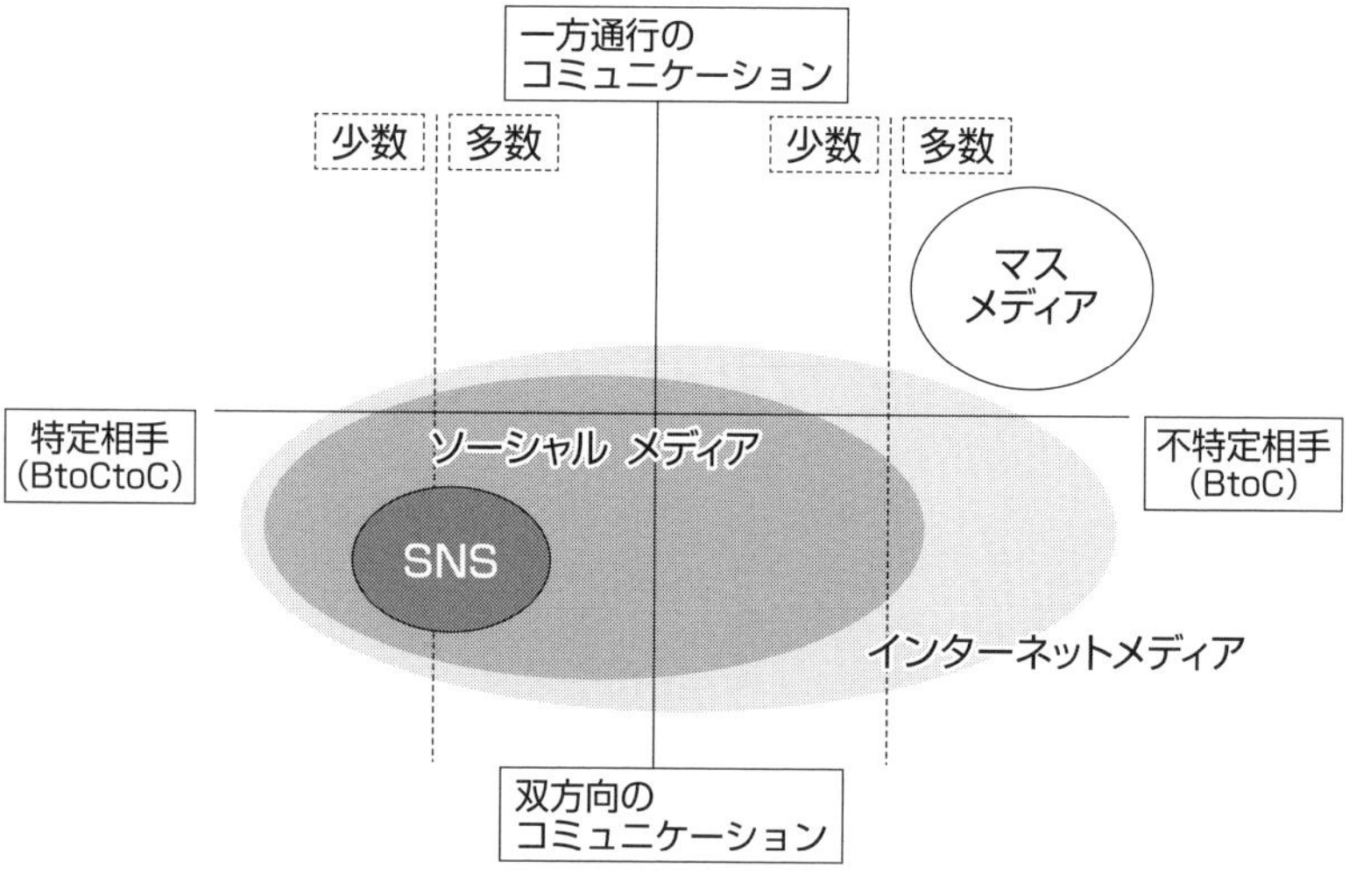

出所：筆者作成。

年　通信利用動向調査」によると、ソーシャルメディアの使い方では、圧倒的に「電子メールの送受信」が多いといえます。実に80・2％の人々が電子メール活用ツールとして、ソーシャルメディアを使用しているということなのです。次に多いのが「無料通話アプリの利用」で、55・4％に上ります。そして3位に「ＳＮＳの利用」が54・7％となります。第1位の電子メールの送受信、そして第2位の無料通話アプリは、共に基本的には個人間の連絡ツールです。そして使用容量などに制限なく、無料で利用できるということに、その強みがあります。

これは筆者の一例ですが、20年程前にエディンバラ大学に留学していた頃は、国際電話はかなりの費用がかかるツールでした。アーパネットから生まれたインターネットの初期の頃で、日本語のフォントの入ったＰＣを持参するという発想もなく、エディンバラ大学から提供された研究室のＰＣにより、アルファベットを用いたローマ字表記を活用して日本国内の学生とコミュニケーションを取っていたのを覚えています。それが、現代は一切の費用をかけずに、海外に居ながらにして日本国内の学生と日本語でコミュニケーションが取れます。それは、電子メールであり、ＬＩＮＥやツイッターであり、ＬＩＮＥ電話のおかげです。海外出張していても、ｗｉｆｉに繋がれば極めて便利に国内外の連絡が取れますし、情報の交換や入手もできます。**図３－４**にある第1位の「電子メールの送受信」と第2位の「無料通話アプリの利用」は、ＳＮＳの機能を活用しても行われているものでしょう。それは、ソーシャルメディアを利用しているとはいえ、実態としては他者との連絡ツールとしての利用が主であり、それをＳＮＳが担当しているということなのです。そして、情報検索機能ですら、多くの若年者を中心にインスタグラムを活用して、ハッシュタグによる検索が行われているという現実からも、他者との連絡ツール、情報発信、情報検索などＳＮＳの多機能化がソーシャルメディアのユーザーを魅了しているということでもあるのです。

4 ＳＮＳユーザーのタイポロジー

以上の実態としての数字を見てくると、実はソーシャルメディアの利用といいながらも、そのほとんどがＳＮＳによるものであるといっても

図３－４　ソーシャルメディアの利用内容

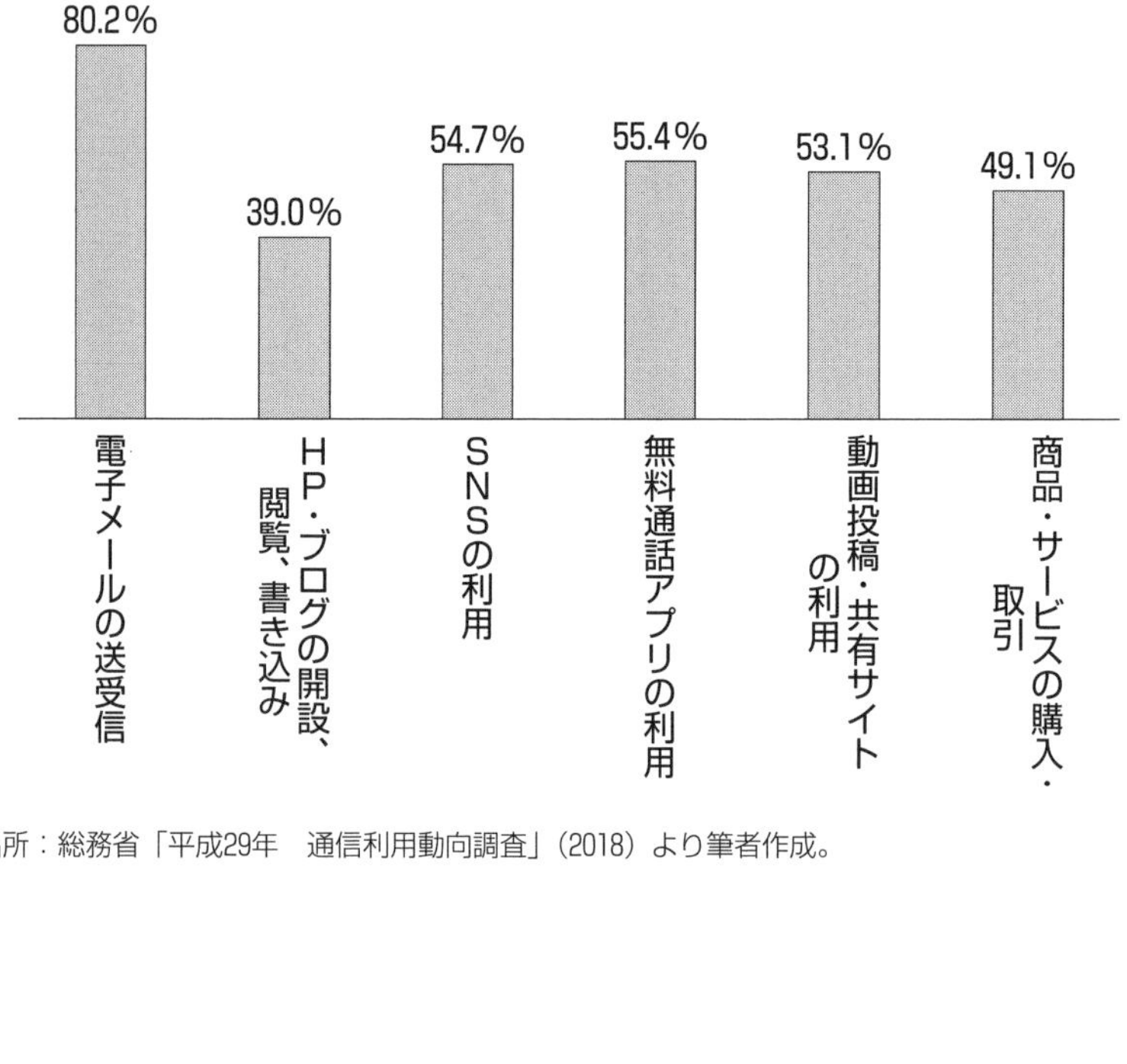

出所：総務省「平成29年　通信利用動向調査」（2018）より筆者作成。

よいでしょうし、ＳＮＳ利用者はソーシャルメディアユーザーの中でかなりの程度で中心的なユーザーであるといえるのです。その傾向はＳＮＳの利用を、ユーザーの年齢・世代という観点から見ると、より鮮明になります。**図３－５**を見てみましょう。ここでは、年齢・世代別にソーシャルメディアの使用内容についての分布が示されています。この図からいくつかの特徴的な諸側面が見えてきます。

年代別のソーシャルメディア利用の状況からいえることは、以下の通りです。

第１に、小学生より上の世代で、全般的に「電子メールの送受信」が高い数字を示しています。ほぼ７割のユーザーが利用しています。そして年齢を重ねても、それほど大きくは減少せず、高い利用率を維持しています。したがって、電子メールを送受信するという点では、世代間にそれほどの大きな差異は見られない、ということです。

第２に、50代以上になると「商品・サービスの購入・取引」が２番目に多い利用法となってきます。利用比率は他の世代に比べて大きくはないのですが、この年齢・世代の中の順位では上位に上がってきます。これは、他の世代と比べて大きく異なる傾向です。ＩＴやＩｏＴに弱いと思われがちな高齢者が一般に思われている以上にネットで買物行動を行っているといえるのです。

第３に、「動画投稿・共有サイトの利用」は、13～19歳をピークに年齢が上がるにつれて、一貫して下がる傾向にあるということです。特に30代までは高いゾーンに留まっていますが、その後40代からは急激に減少していきます。

　第4に、多くの機能の利用率で20～29歳、そして30～39歳にピークが集中しています。その中で「電子メールの送受信」だけは40～49歳という年齢層がピークになっています。これは業務での利用が大きな比率を占めているということの反映であるでしょう。

　そして、総じていえることは、いわゆるSNSの利用者としては、20～29歳が最も多く、その7～8割が積極的に利用しているということでしょう。

　ここまでの年代別の諸特徴からいえることは、ソーシャルメディアの利用方法において、電話やファックスに代わる通信手段としての電子メールが定着してき

図3－5　年代別のソーシャルメディア利用推移

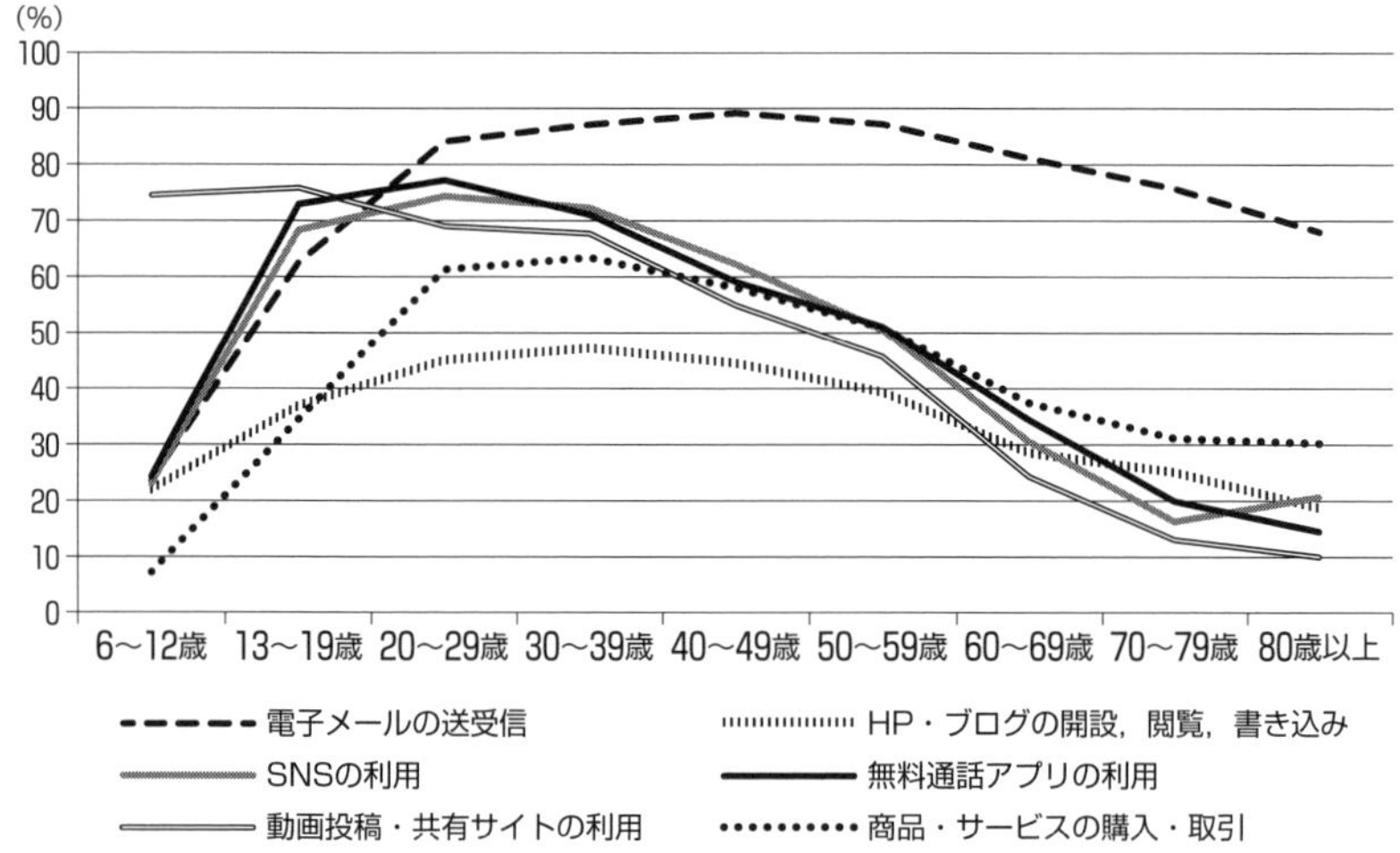

出所：総務省『情報通信白書　2000年度』。

ており、すべての世代での利用度が高いこと、高齢者において商品・サービスの購入・取引が相対的に高いこと、そしてＳＮＳの利用は20代をピークに、50代で50％をきるということです。したがって、ソーシャルメディアユーザーというものを特徴的に捕捉するためには内容による年代別対応が必要であるということがいえるでしょう。

なお、この考察は現時点での年齢別の構成構造に基づくものです。しかし、当然ながら今後はデジタルデバイドと呼ばれる世代からデジタルネイティブと呼ばれる世代への移行が進んでいくため、気がつけば現在のようなデジタルデバイドとデジタルネイティブが混在する構成ではなくなり、周りのほとんどの人が生まれたときからＳＮＳを利用する環境下で育ってきたデジタルネイティブのみの時代がやって来るということになります。したがって、中長期的に見るならば、全年齢層が同じようなネット環境の下に置かれることになるでしょう。つまり、必ずしも年齢による差異や傾向が存在するということではなく、ここではデジタル情報への近接性や使用経験によって影響を受けたことに基づく差異であることに注意しておかねばならないでしょう。そして、このようなデジタル情報への近接性や使用経験に着目する必要性が今後は現れてくるということに注意しながら、現状での年齢によるユーザーの差異・諸特徴について検討する必要はあるということなのです。

そこで、次に現状での考察として、年代別・性別ユーザーのＳＮＳ利用の差異を確認しておきましょう。**表３－１**は、平成29年版の『情報通信白書－ＩｃＴ白書２０１７－』に基づくものです。ＬＩＮＥ、フェイスブック、ツイッター、mixi、Mobage、GREE、グーグル＋、ユーチューブ、ニコニコ動画、Vine、そしてインスタグラムというＳＮＳを、どれくらいのユーザーが利用しているのかを示したものです。全体ではユーチューブの利用者が最も多く、68・７％の利用率です。次に、ＬＩＮＥが多く67・０％、そしてフェイスブックの利用が32・３％と続いています。

これを年齢別で見てみると、ＬＩＮＥとユーチューブは、全世代で積極的に利用されています。フェイスブックは、20・30・40代がメインユーザーであり、ツイッターにおいては10代と20代において顕著に利用度が高くなっています。インスタグラムは、20代を中心に、10代～30代において積極的に利用されているようです。また、性別で見てみると、男女間で同じような利用度分布を示していて、それほど大きな差異は見られませんが、ニコニコ動画の利用については明らかに男性層が多く、インスタグラムの利用については明らかに女性層が多いことがわかります。

この上記のデータに基づき、さらにＳＮＳの利用タイプ分けを行うべく、クラスター分析を行ってみました。データ数が相対的に少ないために階層型クラスター分析を用い、男女の性別の差異と年齢層の区別に基づき、男性10代、男性20代、男性30代、男性40代、男性50代、男性60代、女性10代、女性20代、女性30代、女性40代、女性50代、そして女性60代からなる12タイプを、ある程度の塊に整理するものです。分析の結果、ここでは４つのクラスターに分類され

表3－1　年代別・性別のSNS利用率

	LINE	Facebook	Twitter	mixi	Mobage	GREE	Google+	YouTube	ニコニコ動画	Vine	Instagram
全体（N＝1500）	67.0%	32.3%	27.5%	6.8%	5.6%	3.5%	26.3%	68.7%	17.5%	2.9%	20.5%
10代（N＝140）	79.3%	18.6%	61.4%	2.9%	6.4%	3.6%	28.6%	84.3%	27.9%	5.7%	30.7%
20代（N＝217）	96.3%	54.8%	59.9%	13.4%	9.2%	6.9%	29.5%	92.2%	36.4%	7.4%	45.2%
30代（N＝267）	90.3%	51.7%	30.0%	9.4%	9.7%	4.5%	37.5%	88.4%	19.5%	3.7%	30.3%
40代（N＝313）	74.1%	34.5%	20.8%	8.3%	4.8%	3.2%	30.0%	77.3%	15.3%	1.6%	16.0%
50代（N＝260）	53.8%	23.5%	14.2%	5.8%	4.2%	2.7%	25.4%	55.4%	9.2%	1.2%	12.3%
60代（N＝303）	23.8%	10.6%	4.6%	1.0%	1.0%	1.0%	10.2%	29.7%	6.6%	0.3%	1.3%
男性（N＝756）	63.6%	32.0%	25.7%	6.5%	7.5%	4.2%	25.4%	72.0%	19.8%	2.1%	13.9%
男性10代（N＝72）	70.8%	16.7%	54.2%	2.8%	9.7%	5.6%	23.6%	81.9%	27.8%	4.2%	20.8%
男性20代（N＝111）	94.6%	50.5%	53.2%	14.4%	14.4%	9.0%	33.3%	91.0%	46.8%	4.5%	34.2%
男性30代（N＝136）	86.0%	46.3%	30.1%	5.1%	11.8%	5.1%	34.6%	90.4%	20.6%	2.9%	18.4%
男性40代（N＝159）	68.6%	36.5%	21.4%	8.8%	6.3%	5.7%	25.2%	78.0%	17.6%	1.9%	11.3%
男性50代（N＝130）	49.2%	24.6%	11.5%	6.2%	4.6%	0.0%	23.8%	59.2%	6.9%	0.8%	6.9%
男性60代（N＝148）	23.6%	14.2%	4.1%	1.4%	1.4%	1.4%	13.5%	40.5%	8.8%	0.0%	0.0%
女性（N＝744）	70.4%	32.5%	29.3%	7.1%	3.6%	2.7%	27.3%	65.3%	15.1%	3.6%	27.3%
女性10代（N＝68）	88.2%	20.6%	69.1%	2.9%	2.9%	1.5%	33.8%	86.8%	27.9%	7.4%	41.2%
女性20代（N＝106）	98.1%	59.4%	67.0%	12.3%	3.8%	4.7%	25.5%	93.4%	25.5%	10.4%	56.6%
女性30代（N＝131）	94.7%	57.3%	29.8%	13.7%	7.6%	3.8%	40.5%	86.3%	18.3%	4.6%	42.7%
女性40代（N＝154）	79.9%	32.5%	20.1%	7.8%	3.2%	0.6%	35.1%	76.6%	13.0%	1.3%	20.8%
女性50代（N＝130）	58.5%	22.3%	16.9%	5.4%	3.8%	5.4%	26.9%	51.5%	11.5%	1.5%	17.7%
女性60代（N＝155）	23.9%	7.1%	5.2%	0.6%	0.6%	0.6%	7.1%	19.4%	4.5%	0.6%	2.6%

出所：総務省編『平成29年版　情報通信白書－IcT白書2017－』内の総務省情報通信政策研究所編『情報通信メディアの利用時間と情報行動に関する調査研究報告書』。

ます。つまり**図3－6**に示されているように、「男性10代、男性30代、そして女性10代」からなる第1クラスター、「男性40代、女性50代、男性50代、そして女性40代」からなる第2クラスター、「女性20代、女性30代、男性20代」からなる第3クラスター、そして、「男性60代と女性60代」からなる第4クラスターの4つのクラスターが存在することになるのです。これら4つのクラスターは、以下のような特徴を持つことになります。

第1クラスターは、ＳＮＳの利用等においてＬＩＮＥやフェイスブックを活用しつつ、インスタグラムやフェイスブックによる情報発信にも興味を持っている層であり、第3クラスターのようなバランス良くすべてのＳＮＳを活用していく層への予備軍的な位置づけになるでしょう。

第2クラスターは、ＬＩＮＥとユーチューブを中心としたＳＮＳユーザーであり、積極的に情報発信するというよりは、業務上の連絡ツールとして活用しつつ、趣味としての受動的利用を行っているグループであるでしょう。

第3クラスターは、連絡手段としてＬＩＮＥやツイッターを利用しつつ、フェイスブックやインスタグラムも活用しながら、自己の情報発信も行っていく、バランスよく多種のＳＮＳを活用するグループといえるでしょう。

そして第4クラスターは、すべてのＳＮＳで利用数値が極端に低く、ほぼＳＮＳを利用することがないグループということができるでしょう。

5　SNS利用の諸特徴

次に、最近のSNSの実態を見てみましょう。**図3-7**は、2015年から2017年にわたる3年間で見たSNSの利用者の利用率推移を示したものです。これらから明らかなように、SNSといいながらもすべてのサービスが利用されているのではなく、2015年から2017年というこの3年間で見ると、LINE、ツイッター、そしてインスタグラムが着実に成長してきています。また、フェイスブックはわずかながら減少の傾

図3-6　性別・年齢別SNSユーザーのテンドグラム（Ward法を使用するテンドグラムで、再調整された距離クラスター結合）

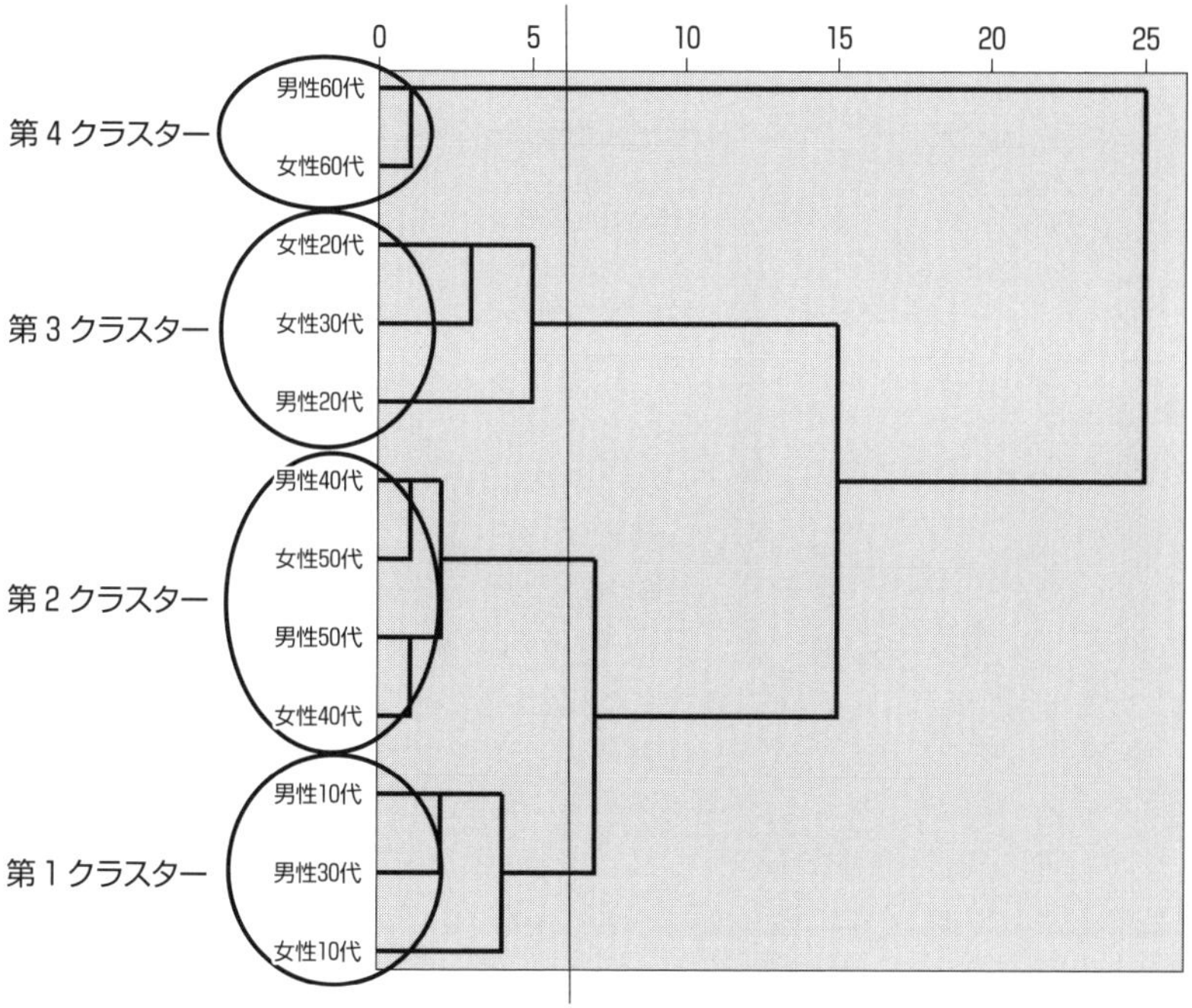

向を示していますが、ほぼ横ばいにあるといってもよいようなレベルでもあり、依然として高い数字を維持しているといえます。これらの活用方法でいうならば、通信および情報の交換、情報の探索・収集と発信、そして商品（実物財とデジタル財を含む）やサービス等の購入がSNSの実際の大きな利用方法であるといえるでしょう。

さて、それではSNSユーザーは、なぜSNSを利用するのでしょうか。SNSユーザーが評価するSNSのメリットとデメリットはどこにあるのでしょうか。これについて考えてみましょう。**図3－8**は、モバイルからのインターネット利用をしている時間の推移を見る二時点での比較です。なお、ここでいうモ

図3－7　SNSの利用率の推移

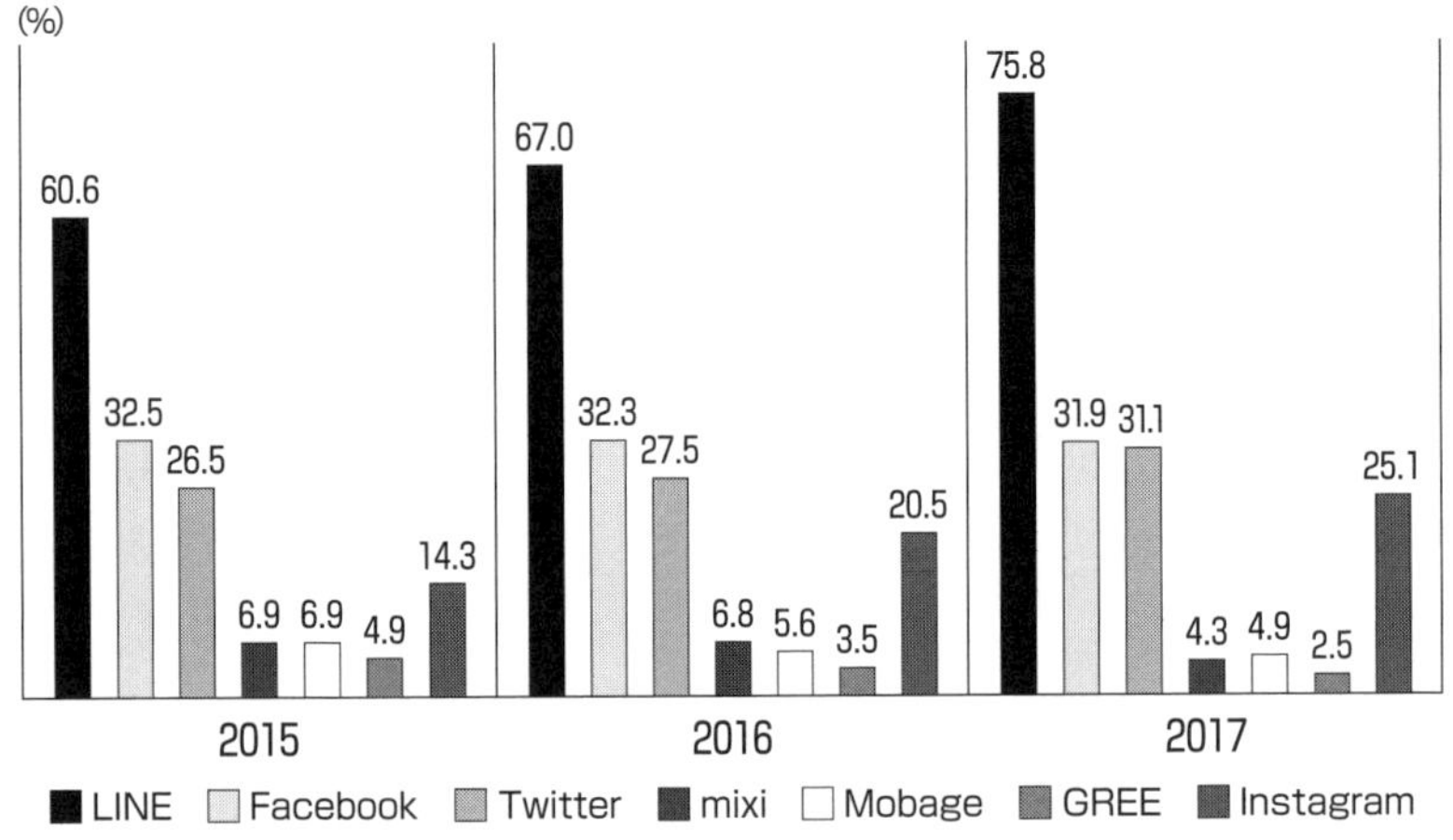

出所：総務省情報通信政策研究所編『平成29年　情報通信メディアの利用時間と情報行動に関する調査報告書』平成30年７月。

バイルとは、従来の携帯電話（フィーチャーフォン、いわゆるガラケー）とスマホとを合わせたものを指しています。

この図から明らかなように、すでに上記で見た第４クラスターに属する、すべてのＳＮＳで利用数値が極端に低く、ほぼＳＮＳを利用することがないグループである男女60代を除いて、２０１２年から２０１６年にかけてすべての世代でモバイルからのインターネット利用の時間が伸びています。全体では38分から61分へと１・６倍の伸びです。特に20代が最も多く、約１・７倍の伸びを示し、１日当たり１２５分を費やしています。

図３－８　モバイルからのインターネット利用時間（2012年と2016年との比較。平日１日当たり）

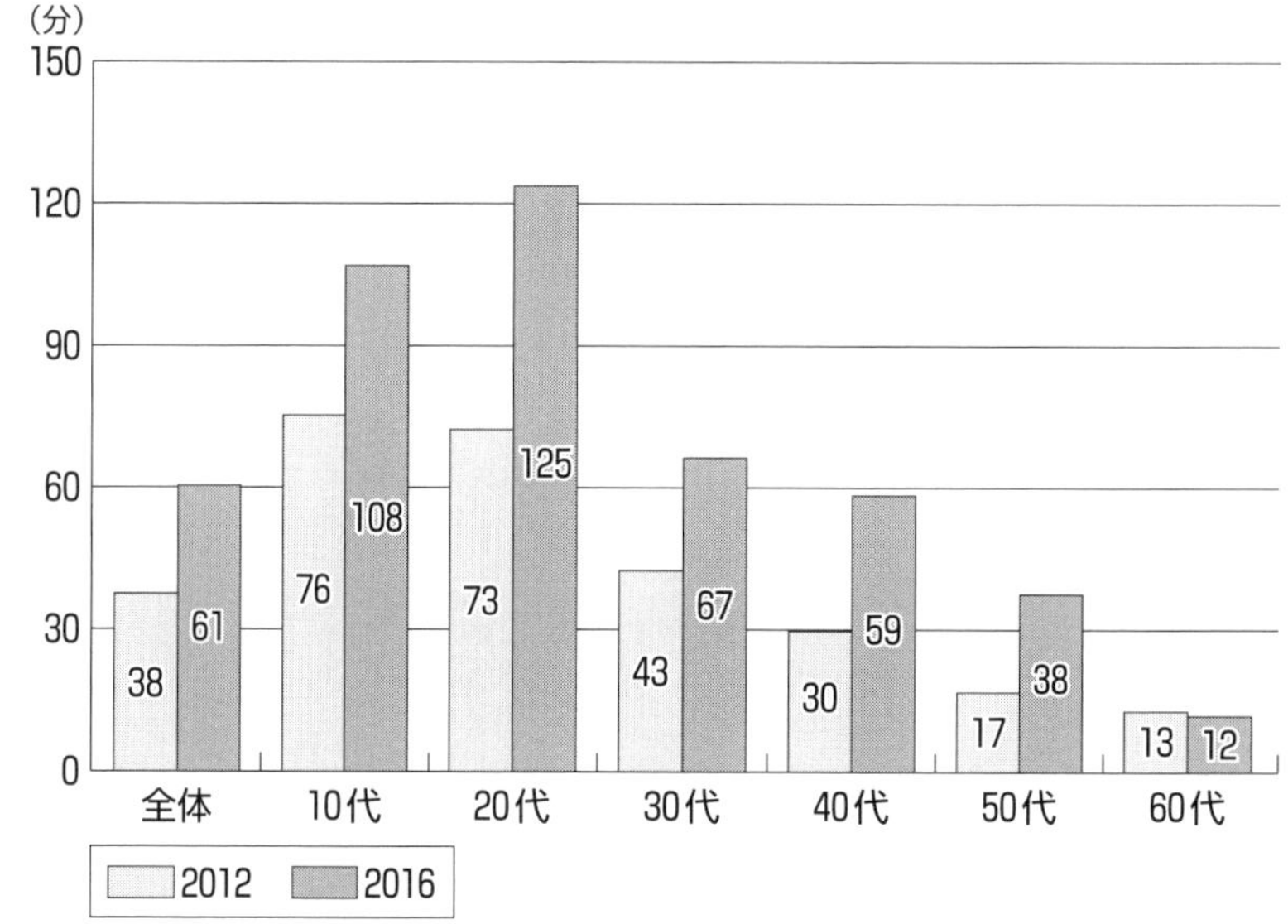

出所：総務省『平成29年版　情報通信白書』内の総務省情報通信政策研究所「情報通信メディアの利用時間と情報行動に関する調査」。

また、10代も1・4倍の伸びを示し、108分という多い利用時間となっています。

それでは、この10代・20代のユーザーは、何の用途でスマホ・SNSを利用しているのでしょうか。それは、スマホを何のために利用しているのかというその利用時間に表わされます（**図3－9**、**図3－10**）。まず、全世代での利用用途を見ておきましょう。**図3－9**を見て下さい。平日の利用用途比較では、圧倒的に「SNSを見る・書く」が多数を示し、30・9分と1位を示しています。次が、「メールを読む・書く」で、19・7分です。そして「ブログやウェブサイトを見る・書く」で16・7分、その次が「オンラインゲーム・ソーシャルゲームをする」で、15・5分です。以下、「動画投稿・共有サイトを見る」が9・1分、「その他のインターネット利用」が5・2分、「ネット通話を使う」が5・1分、そして「オンデマンド型の動画配信サービスを見る」が1・5分となっています。SNSを活用しての情報の発信と入手に、多くのユーザーは時間を費やしています。つまり、そのための機器であり、ツールがスマホなのです。それは、ブログやウェブサイトへの書き込みや閲覧においても、同様の時間消費が行われており、同じような機能が利用されているということでしょう。注意すべきは、メールの読み書きについてです。高い数字を示していますが、それはいわゆるモバイル型の連絡手段としての機能であり、SNSのような主体的、積極的な仲間との関わりを志向したものではなく、単なる連絡ツールとしてのものであるといえるでしょう。それは、**図3－10**にある年代別の利用度を見ても明らかです。すべての世代において、「メールを読む・書く」は、それなりの時間数を示しています。10代では26・1分で第4位、20代では21・4分で第4位、30代では19・2分で第2位、40代では17・3分で第2位、50代では21・0分で第1位、60代では13・8分で第1位となり、若年者や中年者だけではなく、高齢者での利用も高い数字を示しています。一般的な利用の用途として定着してきているということなのです。

　結局のところ、スマホを使いながら、ユーザーはSNSの利用、メールの読み書きという2つの利用用途を中心にして、あとはブログやウェブサイトの閲覧と書き込み、そしてオンラインゲームやソ

図3－9　全世代でのスマホの利用用途（分）

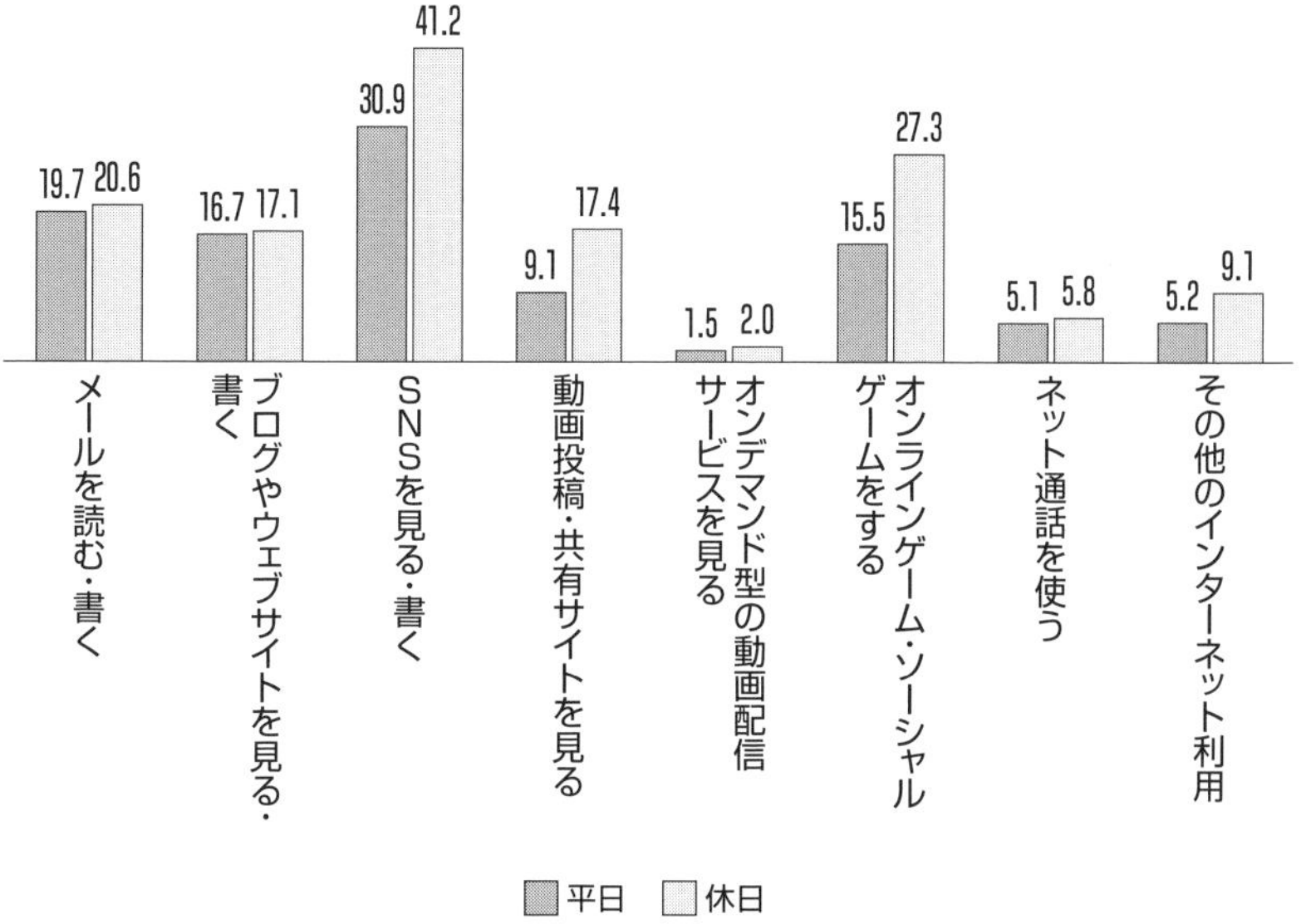

出所：総務省『平成29年版　情報通信白書』内の総務省情報通信政策研究所「情報通信メディアの利用時間と情報行動に関する調査」。

図３－10　スマホの利用時間（１日当たり，平日）

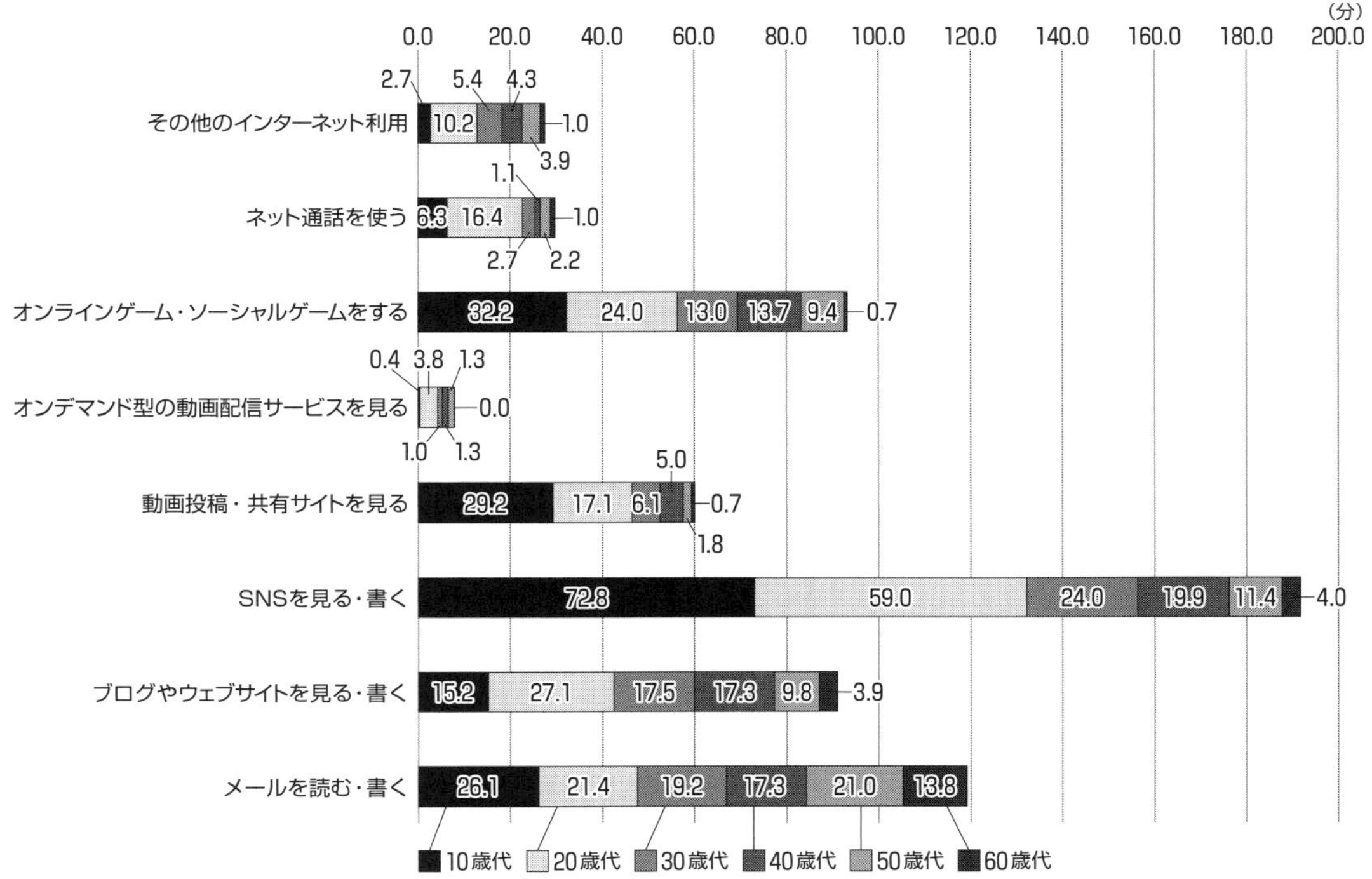

出所：総務省『平成29年版　情報通信白書』内の総務省情報通信政策研究所「情報通信メディアの利用時間と情報行動に関する調査」。

ーシャルゲームを行っているということなのです。このブログやウェブサイトの閲覧と書き込みは、ＳＮＳの利用と近似しているといえるでしょうし、動画投稿・共有サイトを見るというのは情報の入手でもあるし、エンタテイメントを楽しむという部分もあります。これと、オンラインゲーム・ソーシャルゲームをするという利用用途はまた近似しているでしょう。したがって、スマホの使用用途は大きくは、①ＳＮＳを利用した情報の発信と入手、②メール等のモバイル連絡、そして、③エンタテイメント利用の３つからなっているといえるのです。

なお、この総務省の調査結果では、平日と休日の両日での利用状況が確認されていますが、利用動向において両日での差異はほとんどなく、休日には平日の状況傾向がより顕著になっています。

次に、このSNSによる情報の発信と入手という利用用途に絞って見てみましょう。SNSの利用度では、最も多いのが10代の72・8分、２番目に多いのが20代の59・０分、３番目に多いのが30代の24・０分、４番目に多いのが40代で19・９分、そして50代の11・４分、60代の４・０分と続きます。10代から40代については、同年代での他の利用用途の中で、このSNSの利用が最も高い数字を示しています。すなわち、これらの世代ではスマホの利用用途といえば、ＳＮＳを閲覧したり、書き込みしたりということが中心であるということです。これが、50代と60代になると、ＳＮＳにはそれほどの利用時間を割かないようです。むしろ、メールの読み書きに多くの時間を割いています。この２つの世代では、メールの読み書きが、最も大きな利用時間を示す利用用途で、50代では21・0分、そして60代では13・8分を費やしています。

なお、この10代から40代でも、ばらつきは存在しています。10代では、オンラインゲーム・ソーシャルゲームに費やすことが2番目に多く32・2分、3番目に多いのが動画投稿・共有サイトの閲覧で29・2分となっています。それが20代では、2番目に多いのがブログやウェブサイトの閲覧と書き込みで27・1分、そしてオンラインゲーム・ソーシャルゲームの利用が3位の24・0分となります。オンラインゲーム・ソーシャルゲームの利用は30代以上では上位にあがってきません。せいぜい10代と20代までの利用が中心となります。一方で30代や40代になってくると、ブログやウェブサイトの閲覧と書き込みが上位にあがってきて、それぞれに30代で17・5分、そして40代で17・3分の利用時間となってきます。

以上から、**図3-6**に示されるクラスター分析の分類である「男性10代、男性30代、そして女性10代」からなる第1クラスター、「男性40代、女性50代、男性50代、そして女性40代」からなる第2クラスター、「女性20代、女性30代、男性20代」からなる第3クラスター、そして、「男性60代と女性60代」からなる第4クラスターの4つのクラスターに基づくと、世代別の動向傾向が、以下のように整理できるでしょう。

すなわち、第1クラスターは、SNSによる情報の発信・入手とエンタテイメントにこだわる主に10代と30代男性、第2クラスターは、SNSによる情報の発信と入手を進めながらも自己表現としてのブログやウェブサイトを利用する40代と50代、第3クラスターは、SNSを利用した情報の発信と入手、自己表現としてのブログやウェブサイトを利用しつつ、エンタテイメントにも利用する主に20代と30代女性、そして第4クラスターは、そもそもSNS等に興味が少なく、主にメールの受発信に留まる60代というような区分になってくるでしょう（**表3－2**）。

6 SNSとマーケティングの親和性

最後に、ここまで見てきた年代別スマホの利用用途とユーザーのクラスター対応からSNS・ソーシャルメディアとマーケティング親和性について考えておきましょう。

図3－11は、総務省の調査に基づくソーシャルメディアの分類です。縦軸の広場型

表3－2　クラスターとスマホ利用用途の対応表

	第1クラスター	第2クラスター	第3クラスター	第4クラスター
	男性10代・30代，女性10代	男性40代・50代，女性40代・50代	男性20代，女性20代・30代	男性60代，女性60代
①　SNSを利用した情報の発信と入手	○			
①’　SNSを利用した情報の発信・入手とブログやウェブサイトによる自己表現		○	○	
②　メール等のモバイル連絡				○
③　エンタテイメント利用	○		○	

出所：筆者作成。

とフィード型の区別は、以下の通りです。広場型は、サイトの運営者がコミュニケーションの場を設定して、そこに特定のテーマに関係する情報を参加者が投稿するというものであり、あたかも情報の周りに人が集まるようにして繋がりが生じるものです。これに対して、フィード型は、参加者が投稿する様々な情報が一覧となって表示されるソーシャルメディアであり、参加者同士の繋がりを通じた情報のやり取りによって繋がりが生じるものとなっています。横軸は、現実社会での身近な繋がりに関わるものか、顔が見える人々との繋がり形成か、一方現実社会では普段会うことのない遠くの繋がりに関わるものかという観点から分類したものです。[4]広場型のソーシャルメディアでは、掲示板やレビューサイト、そしてｍｉｘｉなどが位置されます。フィード型のソーシャルメディアでは、フェイスブックやツイッター、インスタグラム、ＬＩＮＥなどが位置されます。フィード型のソーシャルメディアは、若年者を中心に着実に広まる様相を示しています。

図３-11の第一象限に位置づけられるように、フィード型に向かいかつＳＮＳのヘビーユーザーともいえる若年層を中心に、遠くの繋がりを求めてＳＮＳを利用しているということから、広域市場への働きかけにおけるソーシャルメディア・ＳＮＳの有効性に着目することができるでしょう。マーケティングの本質からいうならば、商流、物流、情報流を適時に、適当な場所で、適切に流すことで、企業組織と消費者は健全に繋がっていきます。それにより経済も活性化します。これは経済が発展し分業化が進めば進むほど必要となってくる機能なのです。本来

のソーシャルメディアが、ある種の閉じたメンバー間の情報交流から空間に縛られない広域での情報交流にシフトしてきていることから、市場の拡大に伴う情報の受信と発信が広域的に行えることは、マーケティングを進める上で、情報流をユビキタスに流すことができるSNSは市場情報の収集とコミュニケーションの展開という点で、極めて有効なツールになるということがいえるでしょう。

次に、サービスドミナントロジックと呼ばれる、物的製品だけに着目するのではなく、それを取り巻くサービスとの関係性の中でマーケティングを捉える考え方の台

4　総務省『平成30年版　情報通信白書』164～166頁を参照のこと。

図３－11　ソーシャルメディアの分類

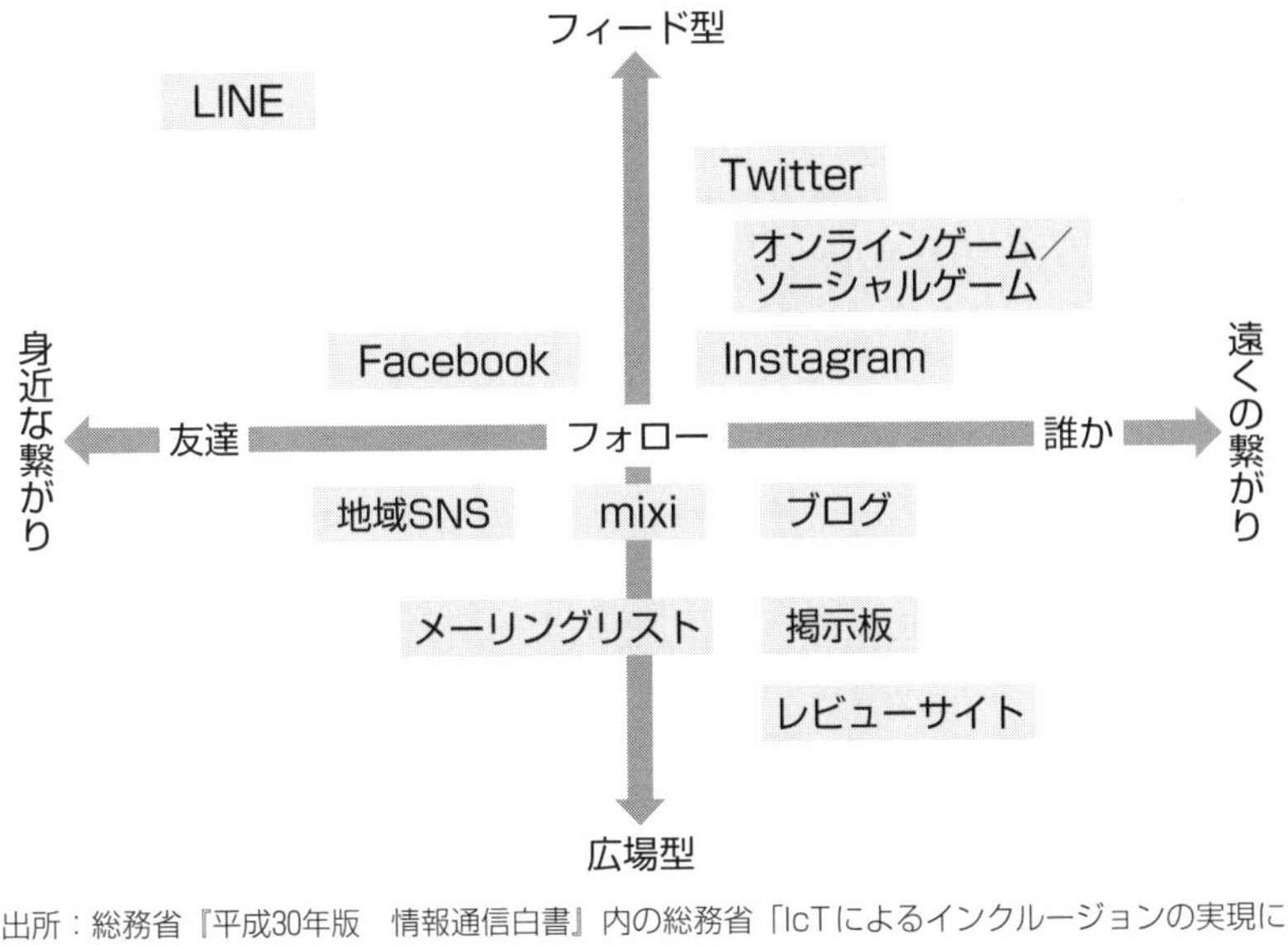

出所：総務省『平成30年版　情報通信白書』内の総務省「IcTによるインクルージョンの実現に関する調査研究」(2018)。

頭です。製品・サービスを顧客が利用して初めて価値（使用価値、経験価値）が生まれるということになります。この状況下では、消費者は使用価値を求めます。そして、それは使用だけにとどまらず、その後の一連の行動にまで広がっていきます。そこでは、コンテキストで捉えられることが重要となります。このコンテキストで捉えるところに、ソーシャルメディア・SNSは優位性を有しているといえます。ソーシャルメディア・SNSを活用することにより、いつでも、どこでも、自身を客観視も主観視もできます。ユーザーは閉じた世界（コミュニティ）・開かれた世界（コミュニティ）のどちらにも身を置くことができ、企業組織と共に価値共創をすることができるようになるのです。

さらに、多対多の関係性を維持しながらも、1対1の関係性にも対応できるのがSNSの強みです。**図3-11**にあるように、身近な繋がりから遠くの繋がりにまで広げていくことができます。また、参加者同士の繋がりから情報の交換による関係性を構築するフィード型から、特定の情報に多数の人が集まって来ることにより関係性が生まれる広場型へ、そしてその逆もまた可能となります。マーケティングの究極は1対1対応です。しかしながら、従来は対費用効果の観点から市場細分化を行い、ある程度の塊としてのユーザーを対象化せざるを得なかったのですが、そこに物流の革新もあり、SNSが個別適応と標準適応の両者を併せ持つマーケティングの可能性を示してくれているのです。

そして最後に、ソーシャルメディア・SNSの利用者においては、現状では思ったほどアクティブなユーザーが増大してきているのではないということです。それは、逆にいえばサイレントマジョリティと呼ぶことができるような層が分厚く存在していることでもあります。したがって、アクティブなソーシャルメディア・SNSユーザーを活用することによって、潜在的なユーザーへの情報発信を行うことができ、その影響力は無視できないということなのです。

わが国での各ソーシャルメディアの利用状況を見てみると、わが国では、LINEの利用率が最も高く、少しでも利用している人を含めた利用者の割合はおよそ60%です。しかしながら、全体的な傾向として、「ほとんど情報発信や発言せず、他人の書き込みや発言等の閲覧しか行わない」と回答する利用者の割合が、書き込みなどを行う利用者よりも多いという結果となっています[5]（**図3-12**を参照して下さい）。

以上、SNSの有する諸特徴からマーケティングとソーシャルメディア・SNSの親和性は高いものと考えることができるのです。

なお、ここまでSNSを活用した消費者への働きかけ、コミュニケーションや広告の役割に着目してきましたが、情報のビッグデータ化への対応には注意が必要です。ここで興味ある数字を確認しておきましょう。これまでに人類が話してきた会話をデータとして捕捉すると、約5エクサバイト分に上り、一方で2010年末の時点では全世界のストレージ需要は、合計で

5　総務省『平成30年版　情報通信白書』158~160頁を参照のこと。

図３－12　日本におけるソーシャルメディアによる情報発信・閲覧の状況

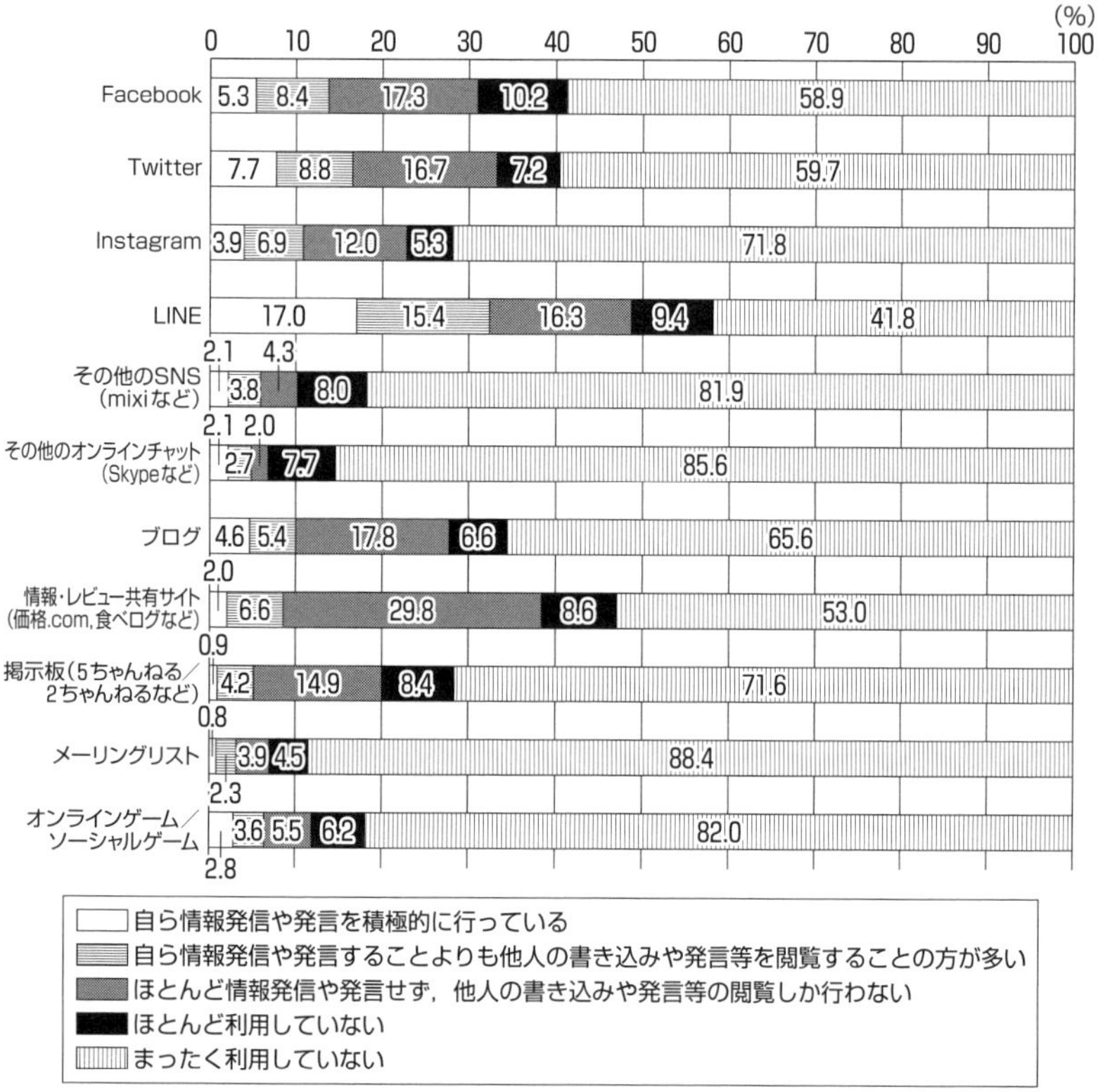

出所：総務省『平成30年版　情報通信白書』内の総務省「IcTによるインクルージョンの実現に関する調査研究」（2018）。

約1000エクサバイトであったということです[6]。どれほどのデータがこの現代社会において世界を回遊し、循環しているのでしょうか。もはや想像することは不可能なくらいのボリュームです。しかしながら、それらのビッグデータからの考察は、ITやIoTの進展により次第に可能になってきています。これらデータの多様な対応を検討しながら、その分析とデータ収集においても便宜性の高い有効なツールになり得ることを忘れてはならないでしょう。

6　エクサバイトは2の16乗、すなわち115京2921兆5046億6846万6976バイトのことであり、10進法では1エクサバイトは10億ギガバイトとなる。以下を参照のこと。ディミトリー・マークス&ポール・ブラウン著『データ・サイエンティストに学ぶ「分析力」』319〜352頁。

第4章

SNSの知識創造上の優位性

検索エンジンとの差異

1 GAFAに見るネット企業の競争力とは

GAFAとは、グーグル（Google）、アップル（Apple）、フェイスブック（Facebook）、アマゾン（Amazon）の4社のことを意味し、それぞれの頭文字を取ってGAFAと呼ばれています。周知のように、主にグーグルは検索エンジン、アップルはデジタルデバイス、フェイスブックはSNS、アマゾンはEC（Electric Commerce）と呼ばれるネットショップと、それぞれの分野で市場を牽引している企業です。いずれも米国を代表するIT・IoT企業です。また、世界中の多くの企業組織やユーザーがこの4社のサービスを、プラットフォームとして活用しているといってもよいくらいの勢いで成長してきています。

Glo Tech Trends（グロテックトレンド）が公表している世界時価総額企業ランキングに基づき、2019年3月末時点のグローバル時価総額トップ10を見てみましょう（**表4－1**）。ここに示されているように、この4社は世界時価総額ランキングの上位を占めていることになります。2019年3月末時点では、マイクロソフトが第1位で9050億ドル、第2位がアップルで8960億ドル、第3位がアマゾンで8750億ドル、第4位がアルファベット、いわゆるグーグルで8170億ドル、第5位がバークシャー・ハサウェイの4940億ドル、そして第6位がフェイスブックで4780億ドルと、上位6位までにこのGAFAと呼ばれる4社が全てランキングされているのです。また、グーグル、アマゾン、フェイスブック、アップルに、さらにマイクロソフト（Microsoft）を加えて、これら5社を1つの企業群として、その頭文字を集めた呼称でGAFMAという呼び方もされています。

さらには、第7位のアリババ・グループ・ホールディングスは電子商取引をオンライン・マーケットで行う中国企業であり、第8位のテンセントはソーシャルネットワーキングサービスを提供している中国企業です。これらを合わせると、実に世界の時価総額トップ10社の中で7社までが、情報通信やソーシャルメディアに関係するI

表4－1　世界の時価総額ランキング

（単位：10億ドル）

順位	企業名	国	所在地	市場	時価総額
1	マイクロソフト	米国	ワシントン州	NASDAQ	905
2	アップル	米国	カリフォルニア州	NASDAQ	896
3	アマゾン・ドット・コム	米国	ワシントン州	NASDAQ	875
4	アルファベット（グーグル）	米国	カリフォルニア州	NASDAQ	817
5	バークシャー・ハサウェイ	米国	ネブラスカ州	NYSE	494
6	フェイスブック	米国	カリフォルニア州	NASDAQ	478
7	アリババ・グループ・ホールディングス	中国	浙江省（杭州市）	NYSE	469
8	テンセント・ホールディングス	中国	広東省（深圳市）	HK	441
9	ジョンソン&ジョンソン	米国	ニュージャージー州	NYSE	372
10	エクソンモービル	米国	テキサス州	NYSE	342

注：いずれの数字も2019年３月末時点のもの。
出所：Nobbyconsulting（2019）を一部筆者修正。

T・IoT関連企業で占めているというのが現状なのです。

次にこの時価総額に注目して、その年次比較を確認してみましょう。1996年から2016年まで、5年ごとの時価総額ランキングでは、異なる状況を示していることがわかります（**表4－2**）。2016年ではトップ10社中6社がIT、IoT、そしてSNS・情報関係の企業で占められていることがわかります。しかし、10年前そして20年前では、IT・IoT関連の企業組織はわずか1～2社しかランクインしていませんでした。2011年以降のこの5年間で圧倒的にIT、IoT、そして情報関連の企業組織が力をつけ、

2006	2011	2016
エクソンモービル	エクソンモービル	アップル
ゼネラル・エレクトリック	アップル	アルファベット
マイクロソフト	中国石油天然気	マイクロソフト
シティグループ	ロイヤル・ダッチ・シェル	アマゾン・ドット・コム
ガズプロム	中国工商銀行	フェイスブック
中国石油天然気	マイクロソフト	エクソンモービル
中国工商銀行	IBM	バークシャー・ハサウェイ
トヨタ自動車	シェブロン	ジョンソン・エンド・ジョンソン
バンク・オブ・アメリカ	アルファベット	テンセント
ロイヤル・ダッチ・シェル	ウォルマート・ストアーズ	ゼネラル・エレクトリック

市場で支配的なポジションをとるようになってきているのです。

さて，それではこの現代経済社会で大きな力を持つようになったGAFAやGAFMAの成長が意味することは，何なのでしょうか。これらの企業組織が上述の極めて強大な企業群になったということは何を意味しているのでしょうか。GAFAであれ，GAFMAであれ，いずれにしてもこれら企業の時価総額は高い数字を示しています。この時価総額は，株価に発行済み株式総数を乗じたものですから，時価総額ランキングで上位に入る企業組織であるということは，世界市場において，企業買収の対象となりにくい大

表4－2　時価総額の世界ランキングトップ10の推移

順位	1996	2001
1	ゼネラル・エレクトリック	ゼネラル・エレクトリック
2	コカ・コーラ	マイクロソフト
3	エクソンモービル	エクソンモービル
4	NTT	シティグループ
5	トヨタ自動車	ウォルマート・ストアーズ
6	インテル	ファイザー
7	マイクロソフト	インテル
8	メルク	IBM
9	ロイヤルダッチ石油	アメリカン・インターナショナル・グループ（AIG）
10	アルトリア・グループ	ジョンソン・エンド・ジョンソン

注：▒は，IoTやIT関連企業を表わしています。
出所：三菱UFJモルガン・スタンレー証券「マーケットの歴史―過去の相場を振り返る―世界時価総額ランキング」より筆者が抽出，作成。

規模企業となり、安定性と共に将来の成長性が期待できるということであり、その企業価値が極めて高い企業組織ということになります。そういう点でこれらの企業群には類似性があります。

ここでさらに進めて、2つの切り口で考えてみましょう。第1に、GAFAであれ、GAFMAであれ、これら企業組織の成長の過程は同じか、異なるのかということです。そして、第2にトップ10に入る企業組織であるという点では類似していても、これら4企業あるいは5企業の中で、その巨大化の属性や程度に差異はないのかということです。

まず、1つ目の点です。これらの4企業、あるいは5企業の成長経路に着目し、これまでの成長は同質的なものなのか異質的なものなのかを見てみます。ここで興味ある数字を見てみましょう。それはR&D投資です。GAFAやGAFMAにおけるR&D投資は、主にコアとなる主要な事業領域、バリューチェーン展開におけるエコシステム構築のための製品・サービス開発投資、そして収益拡大のための新しい事業領域開拓投資に対して行われてきています。ここでいうエコシステムとは、垂直的な産業構造ではなくレイヤー（階層）型の産業構造を持ち、また産業全体で共有される技術面やサービス面でのオープンなスタンダードを生み出しやすい企業間関係という特徴を持つと共に、顧客が増えるほど価値が高まるネットワーク効果を生み出して戦略的に利用できるプラットフォーム企業となることを指します。[1] このR&D投資は支出ランキングトップ25位で見ると、平均R&D支出で、2011年の65億ドルからから2016

年の88億ドルへと約35％の増加を示しています。[2] Ｒ＆Ｄ投資が大きく増加し、企業規模が巨大化に向かっているということです。

では、この傾向はＧＡＦＡやＧＡＦＭＡと呼ばれる企業群では、どうでしょうか。Ｒ＆Ｄ投資に着目して、直近の５年である２０１１年と２０１６年で比較すると、各企業で異なる動きが見受けられます。各企業の売上高とＲ＆Ｄ投資支出額の相関を見たものが**図４－１**と**図４－２**になります。おおむね売上高とＲ＆Ｄ投資支出とは正の相関関係があるといえます。すなわち、研究開発やイノベーションを目指す企業は売上高成果も高くなっているのです。しかし、２０１１年では研究開発投資効率では、１つの相関関係の傾向が見られるだけでしたが、２０１６年には２つの傾向を見ることができます。売上高の増加に対してＲ＆Ｄ支出投資の効率性が相対的に低いグループと相対的に高いグループの２つの相関関係がみられるのです。２０１１年と２０１６年というこの５年間で、２つのタイプに企業群が分化を示しているということです。２０１１年には高い売上高は高いＲ＆Ｄ投資支出と相関していましたが、２０１６年になると

1　ICT産業は、水平分業型いわゆるレイヤー型の産業構造、事業構造が主流であるとされていますが、電子商取引やコンテンツ配信では、端末購入、サイトへのアクセス、代金支払い通信なども事業者経由で行うことができ、垂直統合型のサービスの提供が主流となってきています。エコシステムについては立本博文氏による解説記事「ＧＡＦＡと日本企業（下）連携し技術革新起こせ」日本経済新聞２０１９年８月15日）や『平成24年版　情報通信白書』（総務省編）186～188頁を参照のこと。

2　『ＧＡＦＡの成長戦略分析』（日経ＢＰ総研 グリーンテックラボ編）に基づく数字です。

図４－１　2011年の売上高とR&D投資支出額との相関

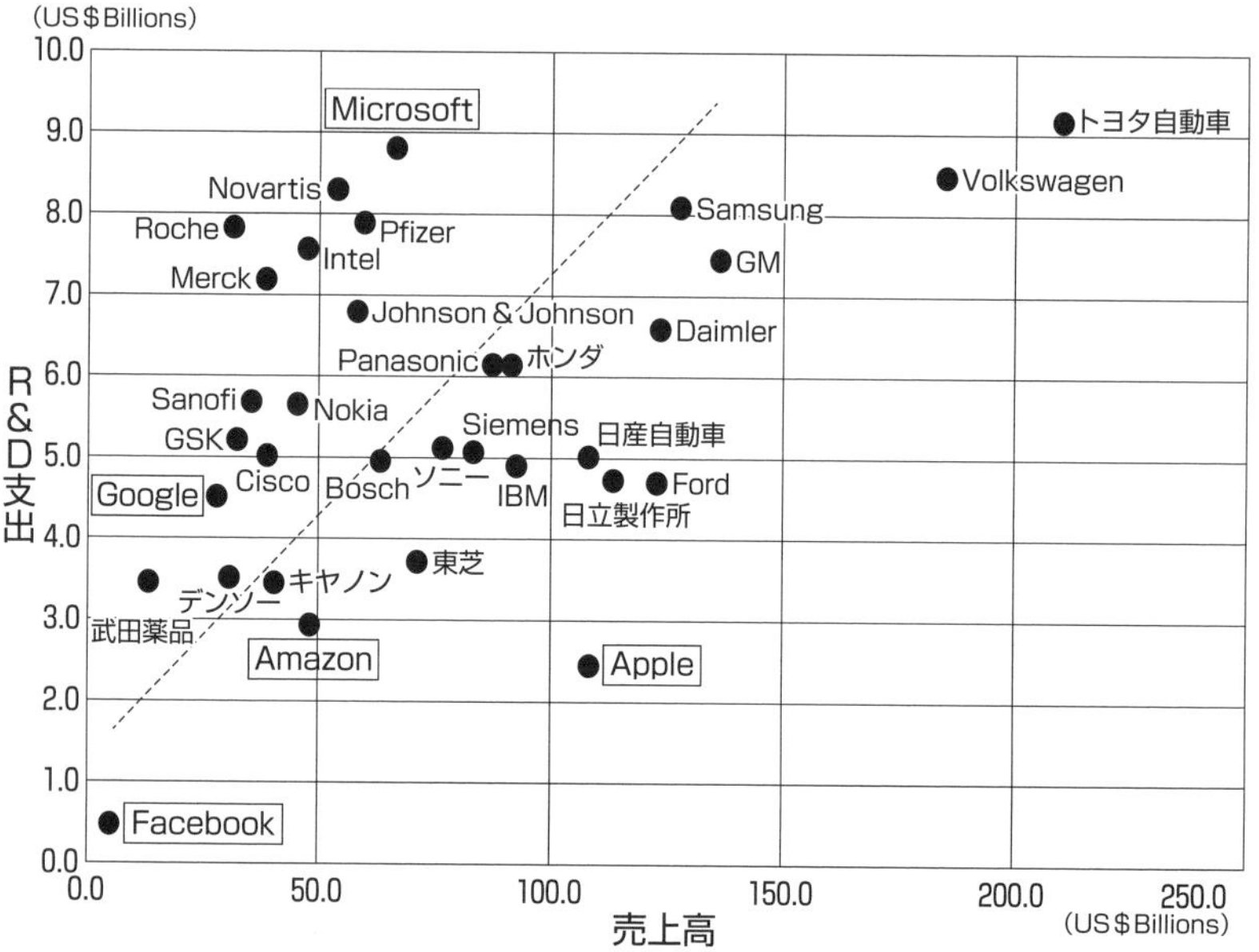

出所：日経BP総研 グリーンテックラボ編（2018）『GAFAの成長戦略分析』６頁に，一部筆者加筆。

アマゾン、グーグル、そしてマイクロソフトでは、R&D投資支出優先型で売上高に対するその投資効率は相対的には小さくなりますが、アップルでは逆にそのR&D支出投資効率は相対的に大きくなっています。フェイスブックについては、今後の進む方向がまだ見えていませんが、**図４－１**に示されるR&D投資の状況から見ると、どうもアマゾン、グーグルやマイクロソフトと同じような方向性に向かっていく可能性が高いといえるでしょう。

次に、2つ目の点です。2011年には点在していたこれら5企業が、2016年になってくると、少し塊を形成しだしているということです。図４－２を参照して下さい。先に述べた異なる成長タイプの２つの線上に位置してはいるのですが、これら企業組織の間には程度に差があるということです。日経ＢＰ総研 グリーンテックラボの調査によれば、インターネットサービス業界とモバイル機器業界を含んだＩＴ・ＩｏＴ業界でのＲ＆Ｄ投資を増やしている企業は、川上（半導体・コア部品）、川中（ネットワーク端末、通信機器・サーバー等）の領域から、川下（アプリソフト、クラウドサービス等）や最川下（インターネットサービス）の領域への事業にシフトしてきているということになります。[3] このことは、よりエンドユーザーに近いところでの製品・サービス提供が注目され、それはＲ＆Ｄ投資すべき領域

3 『ＧＡＦＡの成長戦略分析』（日経ＢＰ総研 グリーンテックラボ編）27～36頁参照のこと。

図４－２ 2016年の売上高とR&D投資支出額との相関

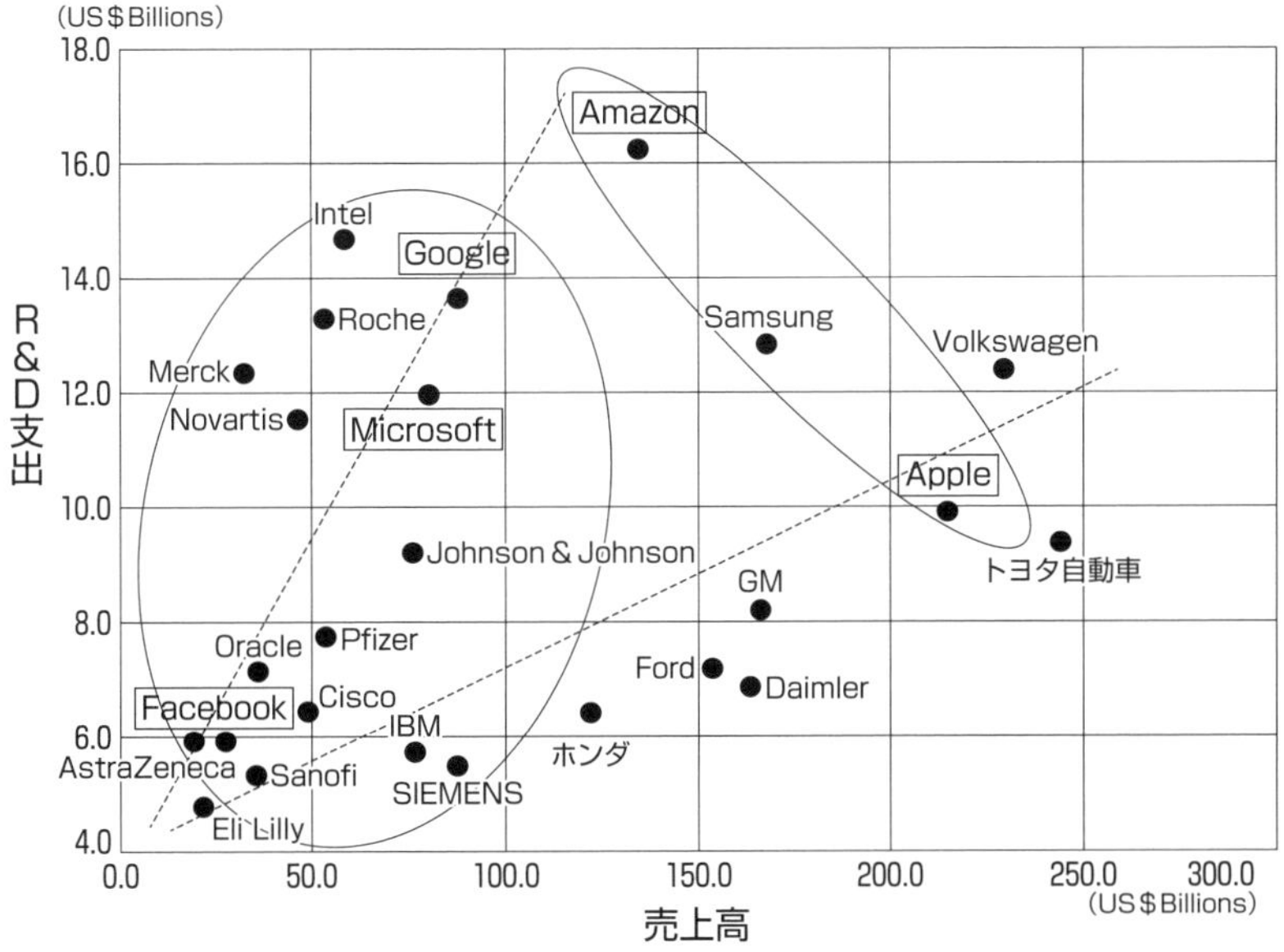

出所：日経BP総研 グリーンテックラボ編（2018）『GAFAの成長戦略分析』８頁，図４－２に，一部筆者加筆。

であるし、売上高の増加を見込める領域であるということを意味しているのでしょう。そして、それらＩＴ・ＩｏＴ関連企業の川下や最川下の領域でも、その中でさらにＧＡＦＡやＧＡＦＭＡと呼ばれる企業群の中での差異が確認できます。アマゾンとアップルは、最川下での小売業というエンドユーザーと直接繋がるインターフェイスを有していますが、グーグル、マイクロソフト、そしてフェイスブックは、多数のユーザーが利用することのできるプラットフォームを用意し、直接的にエンドユーザーに向けてのサービスを提供しつつも、本来の中核的な強みは川中領域にあるということになるのでしょう。

さて、**図４－３**は２０１２年から２０１８年にかけての２年ごとのＲ＆Ｄ投資支出額の変化を示しています。各社ともに変わらず増加傾向にありますが、アマゾンとグーグルは大きく伸びてきています。それに比べて、マイクロソフトでは変わらず高いゾー

図４－３　R&D投資支出額の推移

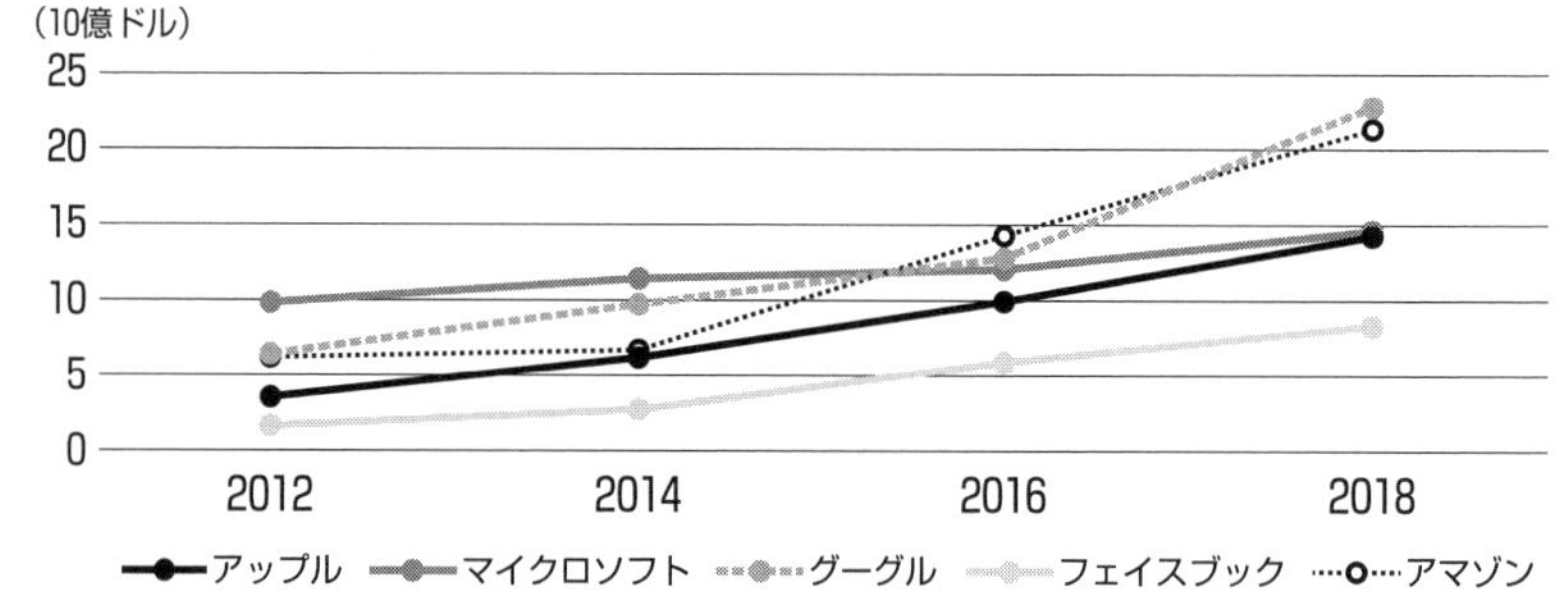

出所：各年度のPwC Strategy&「グローバル・イノベーション1000調査」および各社決算資料より筆者作成。

ンで増加しつつも、その伸び率は大きく変化していません。アップルは、大きく成長してきています。フェイスブックは成長傾向にはありますが、全体に低いゾーンで推移しています。

次に、**図4－4**を見てみましょう。この図は売上高に対するR＆D投資額の比率の時系列推移を示しています。2012年から2018年にかけて2年ごとの数字の推移です。ここからわかることは、5社全体としては微増か横ばいということです。その中でやや減らしてきてはいますが、R＆D投資額の推移をより強く進めているのはフェイスブックであるということです。それに対して、マイクロソフトとグーグルは高いゾーンでの横ばい傾向を示し、アマゾンは増大させてきています。アップルは微増ではありますが、着実に投資を進めています。この図からもわかるように、各社ともにR＆D投資を進めてはいますが、売上高に占

図4－4　売上高に対するR＆D投資支出額の比率（%）

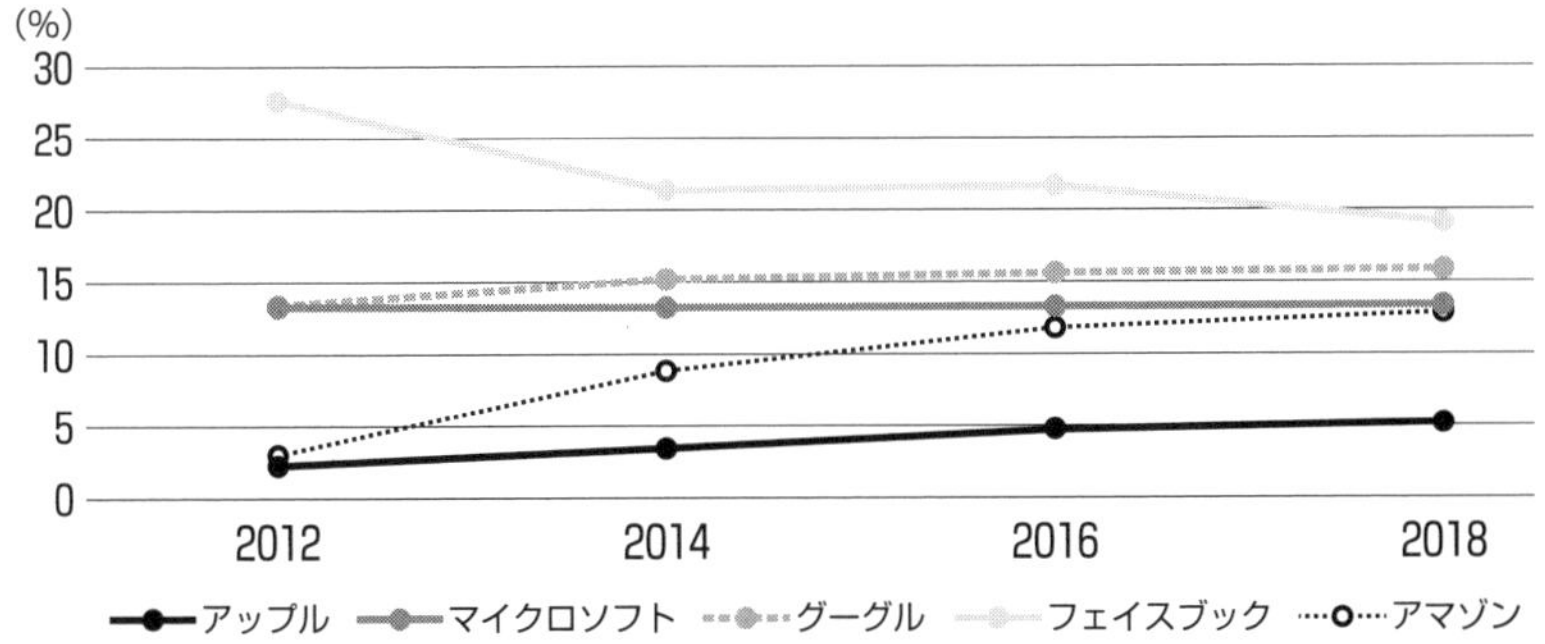

出所：各年度のPwC Strategy&「グローバル・イノベーション1000調査」および各社決算資料より筆者作成。

める比率では、それほどの大きな投資比率の増大を目指してはいないということになります。成長のためにR&D投資は必要ではあるが、売上高に占める比率が横ばい傾向にあり、安定維持を目指しての動向であるといえるでしょう。そしてGAFAやGAFMAと呼ばれる企業群にはR&D投資志向は強く存在することが確認できますが、アマゾンやアップルのような川下のBtoCを経営の主軸の1つに据えている企業群とマイクロソフトやグーグルのような川中や川上のBtoBをも主軸にしている企業群、そして今後多様なプラットフォーム化を目指していくであろうフェイスブックでは、異なる戦略展開を志向しており、売上高とのバランスからあまり無理をせずにR&D投資を進めていく大手であるアマゾンやアップルよりは、売上高とのバランスでは積極的なR&D投資を進めていく傾向にあるでしょう。

表4－3　最もイノベーティブな企業というイメージの推移

順位	2010	2011	2012	2013	2014	2015	2016	2017	2018
1	アップル	アップル	アップル	アップル	アップル	アップル	アップル	グーグル	アップル
2	グーグル	グーグル	グーグル	グーグル	グーグル	グーグル	グーグル	アップル	アマゾン
3	3M	3M	3M	サムスン	アマゾン	テスラ	3M	アマゾン	グーグル
4	GE	GE	サムスン	アマゾン	サムスン	サムスン	テスラ	テスラ	マイクロソフト
5	トヨタ	マイクロソフト	GE	3M	テスラ	アマゾン	アマゾン	マイクロソフト	テスラ
6	マイクロソフト	IBM	マイクロソフト	GE	3M	3M	サムスン	サムスン	サムスン
7	P&G	サムスン	トヨタ	マイクロソフト	GE	GE	フェイスブック	GE	フェイスブック
8	IBM	P&G	P&G	IBM	マイクロソフト	マイクロソフト	マイクロソフト	フェイスブック	GE
9	サムスン	トヨタ	IBM	テスラ	IBM	IBM	GE	IBM	インテル
10	インテル	フェイスブック	アマゾン	フェイスブック	P&G	トヨタ	IBM	アリババ	ネットフリックス

注：2015年以前，AlphabetはGoogleとしてランキングしています。
出所：PwC Strategy&（2017・2018）「グローバル・イノベーション1000調査」。

それでは、これらＧＡＦＡやＧＡＦＭＡと呼ばれる企業のイメージを確認してみましょう。ＰｗＣ傘下のコンサルティング会社が行った「あなたが世界で最もイノベーティブだと思う企業を３社挙げてください。具体的な社名を記入してください」（N=562）という調査で、２０１０年から２０１８年の変化をまとめたものが**表４－３**です。「世界で最も革新的な企業」として、グーグルとアップルが常に高い評価を得ていることがわかります。また、ＧＡＦＡやＦＡＡＮＧ（フェイスブック、アマゾン、アップル、ネットフリックス、グーグル）という企業は、この数年革新的な企業としてトップ10という上位にすべてランクインしてきています。研究開発投資を積極的に行い、その成果として革新的な企業と見られているのが、ＧＡＦＡやＧＡＦＭＡなのです。

２　プラットフォームとしてのＳＮＳと検索エンジン

これまでの様々な関連数字を見てくると、ＧＡＦＡやＧＡＦＭＡと呼ばれる企業群がＩＴやＩｏＴ産業を牽引してきていることは明らかとなります。その中でアップルとアマゾンは、いわゆるＢtoＣに基づくデジタルデバイス提供やＥＣによるインターネット販売を主軸にしてきています。マイクロソフトは、ＢtoＢとＢtoＣ共にソフトウエア等のデジタル技術の開発と販売を主軸としています。これらは、ある種の技術やサービス、それらが形になったものを販売しているのに対して、グーグルやフェイスブックは、ソーシャルメディアを主軸として事業展開してきています。具体的な販売物はなく、彼らが提示するプラットフォームの他者使用に伴いビジネス展開されているのです。ＩＴやＩｏＴに優れた同様の企業群であっても、グーグルやフェイスブックはそこに他者との相違点を有する企業組織であると言えるでしょう。

このグーグルとフェイスブックですが、**図４－３**と**図４－４**に示されているように、両社共に相対的にＲ＆Ｄ投資への意欲は増加してきているのですが、売上高に対する投資比率では、やや異なる様相を示しています。フェイスブックは大きな比率を維持していますが、グーグルは相対的には劣っており、グーグルとフェイスブック2社共にソーシャルメディア事業に軸足を置きながらも、若干異なった戦略的行動をとっています。グーグルは検索エンジン、そしてフェイスブックはＳＮＳをメインとして事業展開しているところに、その差異の一因があるのではないでしょうか。

改めて、この2社が属するＩＴやＩｏＴ産業の勢力を確認してみましょう。ソーシャルメディア、特にＳＮＳは、今や大きな勢いで我々の生活の中に浸透してきています。それは**表４－４**を見れば明らかなことでしょう。これは『ＮＩＫＫＥＩプラス１』に掲載されていた記事で、約20年の間で、暮らしを変えたもののランキング調査の比較です。２０１９年調査では、インターネット普及の基盤である「高速ネット通信」が1位となっています。第2位がコミュニケーション・インフラとなっている「LINE」、そして第3位がアマゾン等のネット販売とジャパネットたかた等のTVショッピングに見られる「ネット・テレビ通販」です。さらに以下でもインターネット関連のものばかりが挙がってきています。それに比べて、約20年前には、第1位が「コンビニエンスストア」、第2位が「携帯電話・PHS・ポケベル」、第3位が「電子ネット」となり、現代の情報化社会の兆しを見ることはできますが、それ以下は、「テレビ」、「コンピュータ」、「電子レンジ」、「テレビゲーム」と続き、消費の対象製品や消費のツール製品となっています。まさしく、現代がインターネットの時代であることが浮

表4－4　20世紀・21世紀暮らしを変えたものランキング

2000年4月1日（創刊号）			2019年7月27日（第1000号）		
順位	ポイント	暮らしを変えたもの	順位	ポイント	暮らしを変えたもの
1位	1449	コンビニエンスストア	1位	551	高速ネット通信
2位	1410	携帯電話・PHS・ポケベル	2位	431	LINE
3位	1317	電子ネット	3位	430	ネット・テレビ通販
4位	1311	テレビ	4位	380	iPhone
5位	1248	コンピュータ	5位	338	電子マネー
6位	1066	電子レンジ	6位	330	グーグル
7位	1024	テレビゲーム	7位	309	SNS
8位	999	自家用車	8位	271	ユーチューブ
9位	919	クレジットカード	9位	236	地図アプリ
10位	883	ファストフード	10位	187	カーナビ

出所：『NIKKEIプラス1』2019年7月27日。

きあがってきているといえるのです。

(1) インターネット社会におけるソーシャルメディアの多面性

では、このインターネット社会であるということは、どのような意味を持つのでしょうか。大きくはインターネット・情報化の時代であるとはいえ、それは次のような5つの方向性での情報化・ソーシャルメディアの進展であるということができるでしょう。第1に、ツールとしてのインターネットによる製品・サービスの交換・売買・取引、第2に、公的な繋がりの中での業務的情報通信・交換、第3に、私的な繋がりの中での趣味的情報通信・交換によるコミュニケーション、第4に、多種多様な情報の探索や検索、そして第5に、ITやIoTという情報機器やそのシステムとの連携性・関係性の中でのサービス消費や体験・経験という5つの方向での区分です。これらは具体的な形では、第1の方向性がE-Commerceやいわゆるネット販売、第2の方向性が通信ツール、第3の方向性がSNS、第4の方向性が情報検索エンジン、そして第5の方向性がIoTやICTによるコト消費やコト体験ということになります。

これらの中で、スマートフォンという端末の利用動向を見てみると、検索エンジンとSNSが上位を占めています[4]。特に、検索エンジンの利用は圧倒的に高く、またインターネットを利用して、ユーザー相互に双方向での情報交換を実現するという点でのＳＮＳの利用も高いものとなっています。では、日本市場での現況はどうなっているのでしょうか。それを示したものが、**図４－５と図４－６**です。検索エンジンでは、２０１０年から２０１９年の10年間で見てみると、ほとんど支配的な企業はグーグルであり、次にヤフーとなっています。日本市場では、ほぼこの２社しか検索エンジンとしては使われていないということになります。一方で、ＳＮＳに代表されるソーシャルメディアでは、ツイッターとフェイスブックが高い数字を示していますが、その他にも多様なメディアが使われていることがわかります。

このことは、それぞれの特性によるものと考えてよいでしょう。すなわち、検索エンジンは、結局のところ情報の量が重要となってきます。そして、多種多様な情報にアクセスできることが最大の強みになり、そこに情報量の拡大に伴い、今度は情報の品質、つまり信頼性が重要となってきます。それを実現したのが、グーグルとヤフーなのでしょう。しかしながら、この検索エンジンの拡大プロセスの中で、情報提供者がＳＥＯ（Search Engine Optimization）と呼

4　総務省の『平成24年　情報通信に関する現状報告』（平成24年12月21日）において、サービス別利用動向の端末別比較のスマートフォン利用では、第１位が情報検索で96・６％、第３位がＳＮＳで64・１％となっています。なお、第２位は動画配信の67・９％となっています。

5　検索エンジンにおいては、ウェブページの大規模収集を可能にした技術の第２世代と呼ばれるクローラが大規模化をもたらしました。しかし、その適合率課題から第３世代の選別強化が重要視され、リンク解析が現れたのです。ＳＥＯ対策はこれへの対応でもあるのです。詳しくは、福島俊一氏による解説「検索エンジンの仕組みと技術の発展」（『情報の科学と技術』第54巻第２号）を参照のこと。

ばれる検索エンジンの最適化を図るようになります。[5] 多数・多種・多様な情報が存在する中で、情報提供者にとってはインターネット検索の結果として自社のサイトを検索上位に表示させて、できるかぎり露出度を高めることが必要となるのです。一般的には、ユーザーは必要とする情報を入手するためには、せいぜい2～3クリックまでしか行いませんから、検索された結果の上位表示は、ユーザー数の拡大に重要となってくるのです。結果的には、「情報量の拡大」→「ユーザー数の拡大」→「情報品質の確保」→「ユーザー数のさらなる拡大」→「情報量の拡大」というループを実現することが必要となるのです。

図４－５　日本における検索エンジン市場占有率の推移（2010－2019）

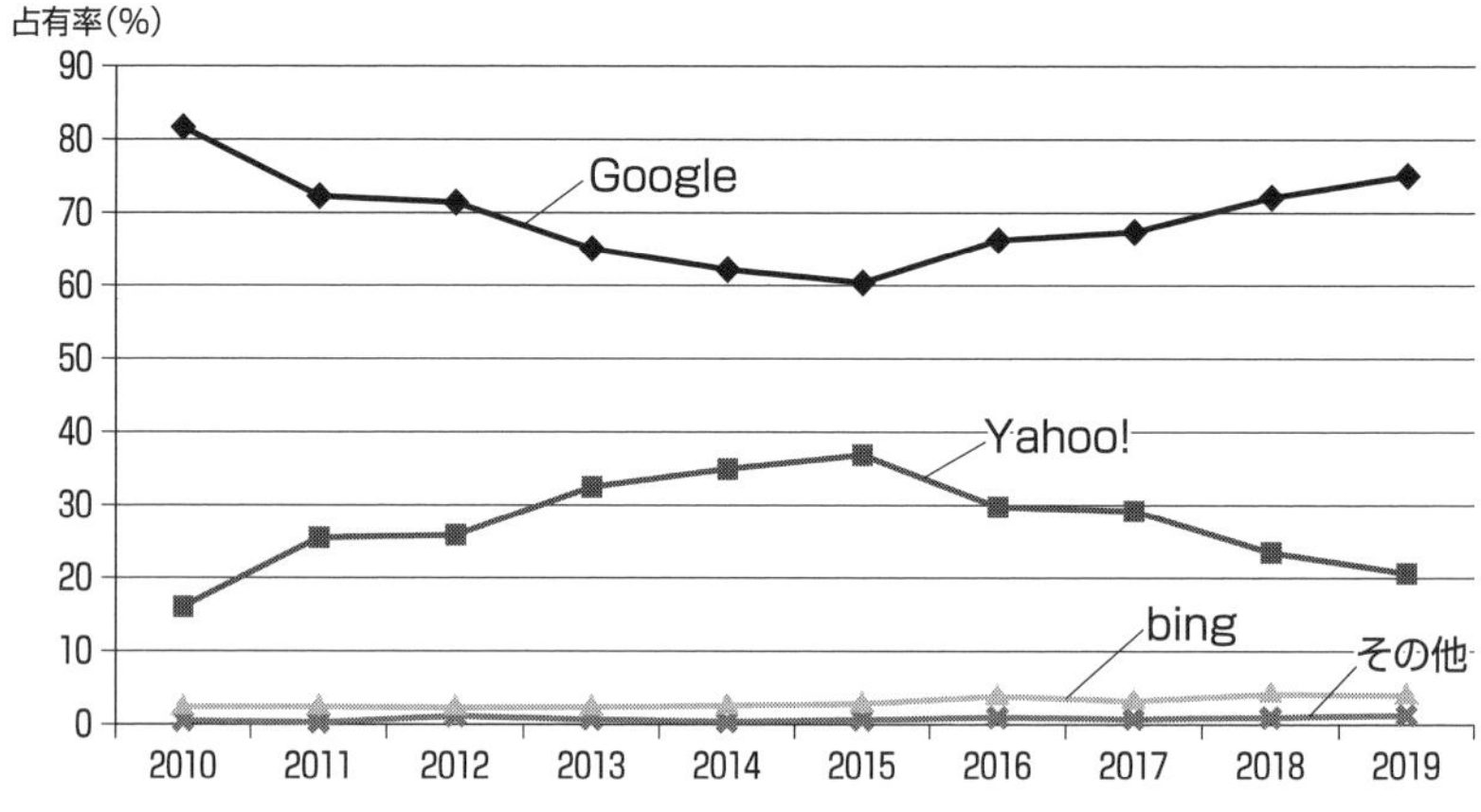

出所：Statcounter GlobalStats.

(2)　SNSのビジュアル検索

このような状況の中で，2つの大きな特徴的傾向を捉えることができます。第1の特徴的な傾向は，ビジュアル検索の進展です。近年，若い世代を中心に検索エンジンを利用しないという動きが見られるようになってきました。[6] かつては，グーグルを使った情報検索行動は「ググる」というように表現され，情報検索は検索エンジンを利用することが当然のことでした。しかし，現代ではインスタグラムなどのSNSを利用して自己表現のための画像や動画を発信するユーザーが増大してきています。したがって，文字情報による検索ではなく，ビジュアル画像等による検索（ビジュアルサーチ）を利用するユーザーが増えてきているのです。それは，ま

図4－6　日本におけるソーシャルメディアの市場占有率推移（2010－2019）

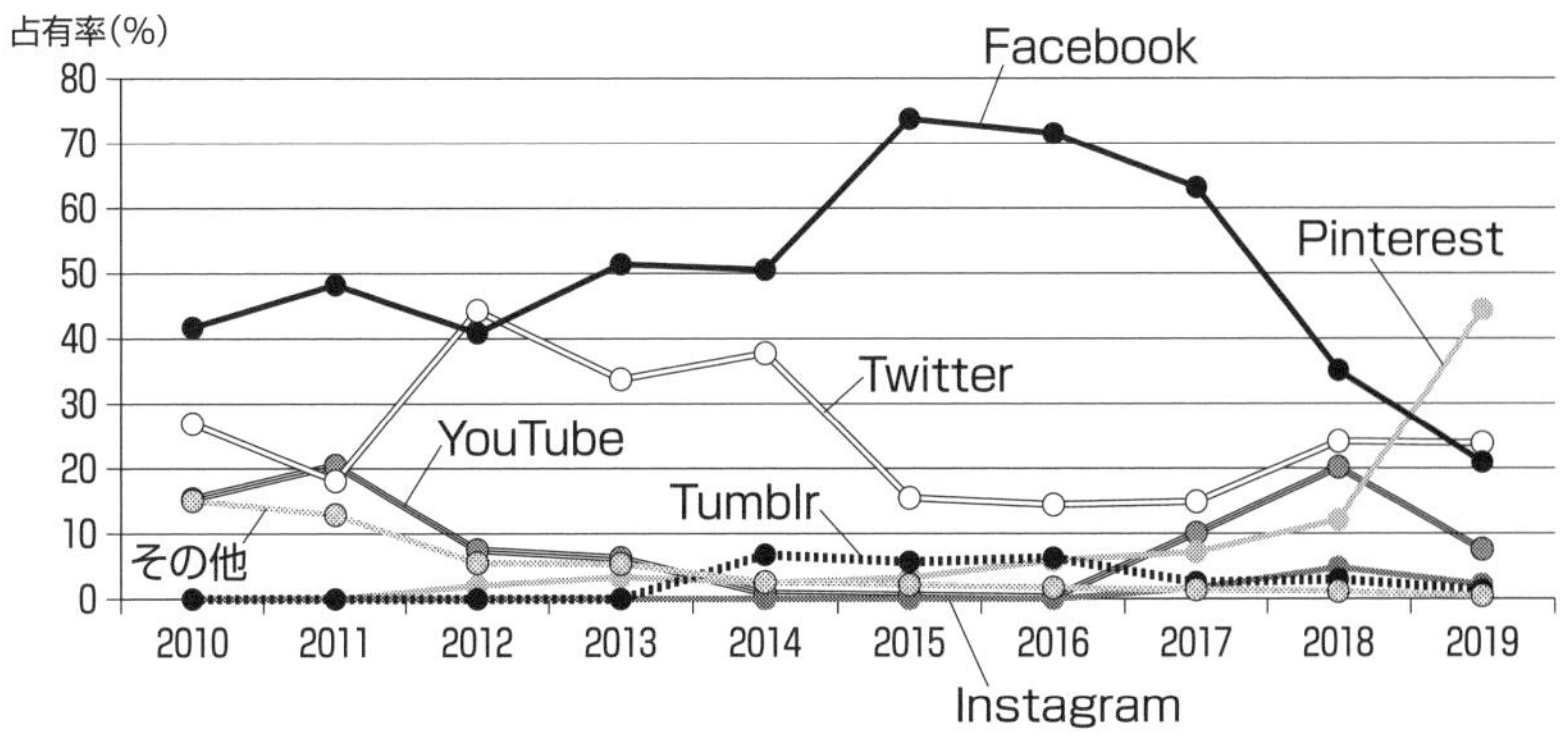

出所：Statcounter GlobalStats.

さしくインスタグラムに代表されるビジュアルコミュニケーションアプリを用いての検索行動をユーザーは行っているということなのです。

図４－７は、このビジュアルサーチの進展を示しています。**図４－７**を見ると、ファッショントレンド、旬な旅行スポット、今話題の出来事やニュースの検索では、ＳＮＳによる検索の方が高い数字を示しています。それに対して、今流行しているカフェやレストランでは、検索エンジンによる検索の方が高い数字を示しています。これは、次のような理由によるものとされています。すなわち、そこで得られる体験が「ＳＮＳ映え」するものであるかどうかを確認することを目標として、検索行動を行うようになっていること、ユーザーは自分に身近で感性の近いユーザーが発信する情報にアクセスできるメリットを強く感じていること、そして、スマホユーザーにとっては情報収集の適正単位が「ページ」ではなく「ポスト」（投稿）

図４－７　検索ツールによる求める情報の差異

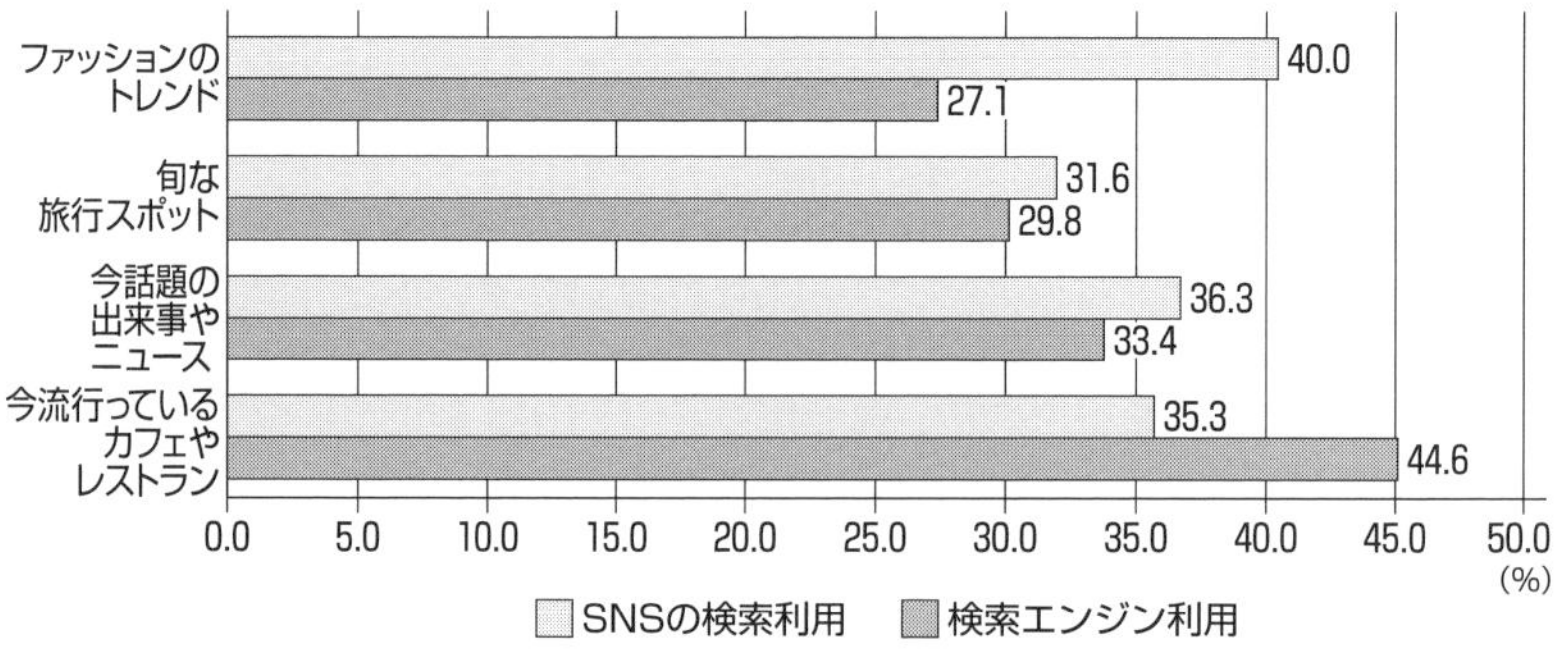

出所：天野彬（2017）。

であり、ページ単位のネットワークである検索エンジンではなく、ユーザー体験によるポスト単位のネットワークであるSNSの方が都合がよいということになるのです。[7] 検索エンジンで扱われる情報は、文字情報として他者への移転が可能な形式的なものであり、その価値は不変なのですが、SNSで扱われる情報は、特定の個人間での暗黙のものであり、なかなか不特定多数に移転しにくいという属性を持っています。それゆえにSNSでは内面的な情報、いわば価値観としてビジュアル化された感性的な情報が主に扱われているということになるのでしょう。

第2の特徴的な傾向は、**図4－8**からわかるように、アクセス数において検索エンジンがSNSを抜いたということです。Shareaholicの2017年の調査結果に基づくTran（2018）の研究では、検索エンジン経由でパブリッシャーへ流入されたトラフィックは34・8％であるのに対して、ソーシャル経由のトラフィックは25・6％に留まっています。

6　「Googleで検索すると文字が出てくるし、（検索結果は）SEO対策されている。あとはスポンサー（広告）とかが上がってきて……ネットってリアルじゃない。Instagramは検索することで言葉より画像が表示される。」これは、2016年3月3日のある芸能人の記事です（Yuhei Iwamoto（2016））。若い世代の代表的な検索行動の1つとして検索エンジンではなく、SNSを利用するようになってきていると いうことを表しています。若い世代のユーザーにとっては、SEO対策は検索結果への信頼性にネガティブにきいているということなのです。

7　電通総研編（2017）「巻頭特集」『情報メディア白書　2017』を参照のこと。

２０１１年からソーシャルなプラットフォーム経由のアクセス数が増加しだし、一方で検索エンジン経由のアクセス数は減少しだしていました。そして２０１４年にはソーシャルプラットフォーム経由の方がアクセス数では検索エンジンを上回ったのです。このままソーシャル経由でのアクセス数が増大していく勢いでしたが、２０１７年頃から検索エンジン経由でのアクセス数が再度上回るようになりました。検索エンジンは、ソーシャルメディアのコンテンツへのダイレクト・リンクを検索結果に表示し始め、そのことにより特定のウェブサイトからのリンクをたどってやってきたユーザーであるリファラル（当該サイトへ直接ではなく、他のウェブサイトを経由してアクセスしてくるユーザー）が増大し、結果的にこれらが検索エンジンのアクセス数を増大させ、相対的にＳＮＳのアクセ

図４－８　検索エンジンとソーシャルメディアのアクセス数の推移

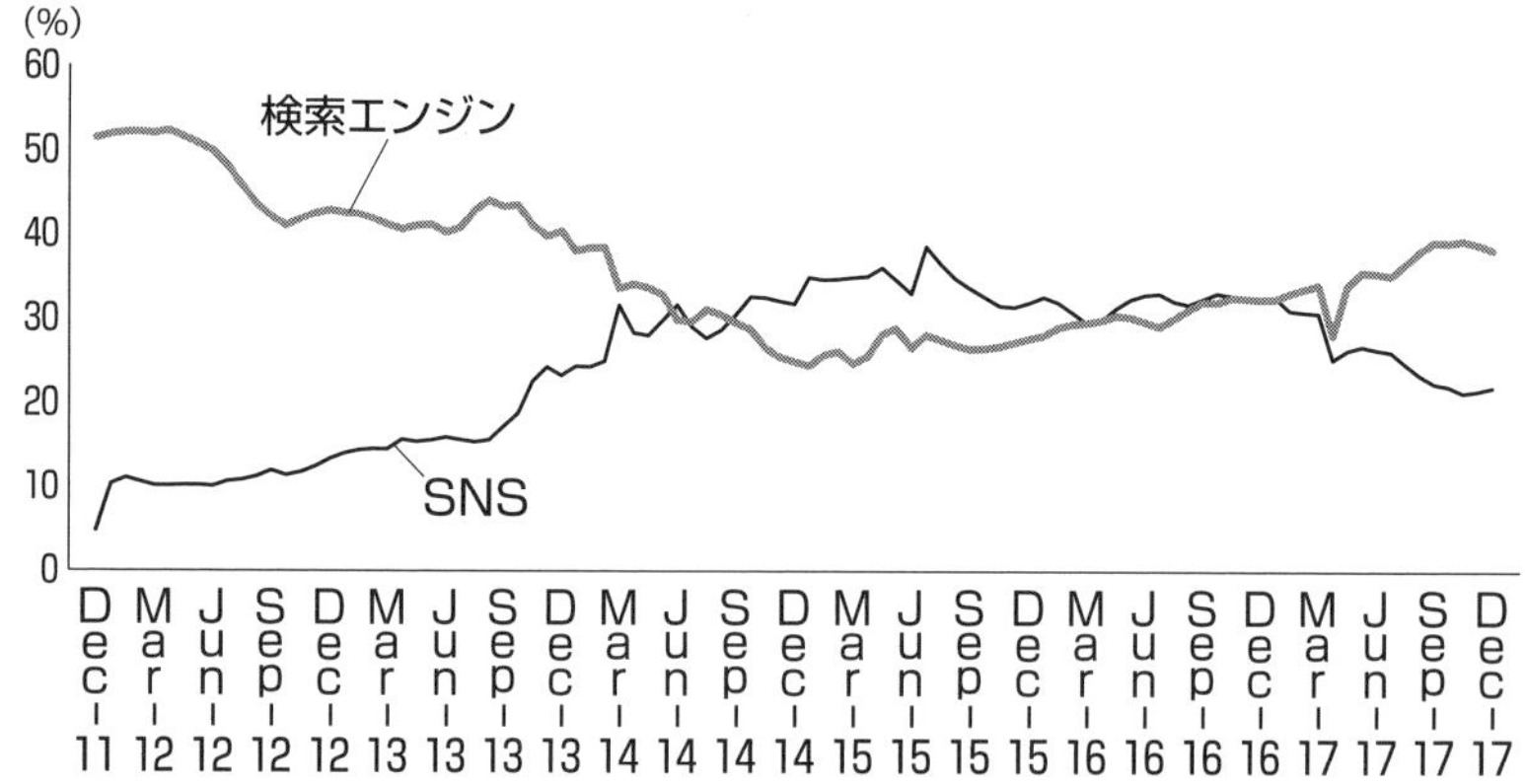

出所：Tran K. (2018).

ス数を減少させたのです。つまり、検索エンジンで探索すると、ソーシャルメディアで扱われている情報が検索結果として表示されてくるので、そのまま検索エンジン上で必要情報を入手することができます。それに対応して、ＳＮＳ等のソーシャル経由での情報検索は不要となっていったのです。

以上考察してきたように、検索機能という点では、検索エンジンとＳＮＳは類似してきています。しかし、この検索のモードが文字情報だけではなく、ＳＮＳを活用したビジュアル検索にシフトしてきている部分が大きくなるに伴い、検索エンジンに比べてＳＮＳは、形式的な情報だけではなく、形式化されにくい暗黙的な情報までも受発信し、そして検索できるようになってきているのです。したがって、依然としてＳＮＳはその魅力である個々人の自己表現としての情報の受発信に強みを持っていることとなります。単に情報検索という点では、検索エンジンもＳＮＳも活用されていますが、文字情報だけでは伝えきれない部分が、ユーザーの興味の源泉であり、市場での差異化のコアであるという点でＳＮＳは優位性を有しているといえるでしょう。

3 SNSがもたらしてくれるマーケティング・メリット

(1) コミュニケーション戦略としてのSNS――効率性志向

ＳＮＳがコミュニケーションツールとして有益であることは、多くの人が納得するところです。それを企業側から見れば、消費者や顧客に働きかける上で、ＳＮＳは非常に効率性の高い働きかけが可能となるツールだということになります。従来のマスメディアを活用した広告や販売促進等のコミュニケーションは、広範囲・多数の消費者に届けることができるものでした。しかし、それは不特定の消費者に向かっての働きかけでしかありませんでした。そして、確実に特定の消費者に届いているかを確認することも、基本的にはできなかったのです。

ところが、ＳＮＳを活用することにより、消費者のセグメンテーションという点できめ細かい基準軸により分割することができるようになったのです。年齢、性別、職業、居住地などの外形的な属性要因だけではなく、むしろ個々人に関わる興味・関心、ライフスタイル、価値観、広告刺激への反応度などの内面的・属人的要因によって詳細なセグメンテーションを行うことが可能なため、狙ったターゲット層に広告を届けやすくなりました。それも流通段階等を経由することなく直接的にターゲット層に届けることができるので、訴求効果が高いということになります。さらにいえば、似たような属性を持ったユーザー間での共有化が進むことにより、検索エンジンよりは、瞬間的な広がり・拡散による宣伝効果を期待することができるのです。したがって、低コストで、1対1の個別対応で、量的には多数へのアクセスが瞬時に可能となったということなのです。

また、SNSは、既述のように対象とするセグメントに直接的に働きかけることができるという利点から、その反応を必要に応じて随時確認しながら、微調整して継続的に対応することを可能とさせます。つまり、製品・サービスの購買前、購買時、購買後という時間変化にわたり、継続して、必要なタイミングで、コミュニケーションしたい内容と量を伝えていくことができるのです。その結果として、企業や製品・サービスに関する認知度や好感度を上げることができ、かつそれを対費用効果から見ても大きな効率性を持って実現することができるのです。

したがって、マスメディアではなくソーシャルメディアであるSNSを利用することは、マーケティングを進めていく上で、4つのPの中のプロモーション、すなわちコミュニケーション戦略を展開することにおいて特に優位性があるということになります。それは、すなわちコストをかけずに、的確に対象とする消費者を見つけ出し、その消費者層に向かってタイミング良く、そして必要なタイミングごとに複数回にわたり働きかけることができるという特徴を持っているということです。そして、それゆえに顧客ニーズへのコミュニケーションを訴求するという戦略展開ににおいて、ＳＮＳは、コミュニケーションにおける顧客適応に対して大きな効率性をもたらしてくれるものなのです。

(2) マーケティングとしてのＳＮＳ――有効性志向

ＳＮＳは、これまでに述べてきたように、情報の受発信をすることによる繋がりの形成、そしてそこで扱われる特にビジュアルな情報を伝達することに長けているがために、コミュニケーション機能であれ、情報検索機能であれ、多様に利用されています。そして、ＳＮＳの本質的な強みは、ユーザーがＳＮＳを活用しながら自己表現する等の情報受発信やユーザー間でのコミュニケーションを取ることができることです。しかしながら、一概にＳＮＳといっても、まずそれぞれのユーザーに関して、使用方法・使用目的、個性や文化、諸特徴、そして使用するシーンにおける多様性と多面性があります。また、各ＳＮＳにはその技術や志向に関する諸機能・諸特徴において差異が存在しています。したがって、１人のユーザーが各場面で、複数のＳＮＳを使いこなしている場合もあります。１人のユーザーであっても、その行動のタイミングによって多面的なニーズを持ち、その行動が時間と共に変化することに対して、ＳＮＳは各時点での行動を捉えて対応することができます。例えばＡＩＤＭＡモデルと呼ばれる１人の消費者の時間変化（Attention（注目）→Interest（興味・関心）→Desire（欲求）→Memory（記憶）→Action（行動））に対して、各段階での実態の捕捉と、それへの対応が可能となってくるのです。SNSでは、過去の投稿記事情報の圧倒的蓄積をベースにしてアクセスをする検索エンジンとは異なり、常にその時点その時点での鮮度の高い記事情報へのアクセスが可能であるし、それが主たる特徴であるからです。

また、既に述べてきたように、検索エンジンは、ユーザーが必要とする情報のまとめサイトであるので、多数の情報による網羅性が重要視されます。しかし、SNSは、ユーザーが関心・興味を持ち、他者がそれに共感するようなコンテンツ内容であることが重要視されます。それにより、似た属性を持つユーザー間に拡散されていくことになるのです。

このように、SNSは送り手と受け手、そして売り手と買い手というような異なる二者を繋いで、その間を埋めることができます。マーケティング視点で言えば、生産と消費の懸隔を一つひとつ埋めることに優位性を持っているのです。マーケティングは、結局は生産と消費のマッチングを実現することであり、それにより取引当事者間に価値を生み出していくものです。その際に、絶対的に必要なことは、ターゲットの設定です。しかしながら、たとえターゲット設定できたとしても、目標とするユーザーを見つける、あるいは識別することは容易ではありません。市場では多様なニーズが存在し、それが多面的に、そして時間経過と共に変化します。さらには、それらは表層的に現れることはなく、深層化し、捉えることに困難性を有しています。そのような中にあって、ＳＮＳは、共感する価値観で結ばれたユーザーの塊を形成しています。たとえ、それらが多層的にまた重複的に塊を形成していたとしても、ＳＮＳが持つところの特定性、匿名性、共感性、多様性、多面性、多数性、関係性、相互作用性、瞬時性に対する適応力あるいは対応力とでも呼べる諸特徴により、的確に目標とする市場・市場セグメントを捉えて対応することができるのです。

それは、コミュニケーションの効率性を上げることだけでなく、マーケティングそのものを有効化させることに繋がるのです。マーケティングとは、生産と消費をマッチングさせるものですが、それは、生産と消費の間に存在する時間、空間、情報、価値、そして所有権に関する懸隔を架橋することにより実現します。インターネット社会の登場とそれを取り巻く物流、決済システム、アプリケーション開発等に関する支援産業の技術革新により、時間に関する懸隔を架橋するだけではなく、ＳＮＳを活用したＩＴやＩｏＴ技術により、空間、情報、価値、そしてさらには所有に関する懸隔までもが架橋されやすくなってきたということなのです。

4 ＳＮＳによる情報のあり方――形式知と暗黙知

ここまで検索エンジンとは異なるＳＮＳの強みについて考えてきましたが、最後にＳＮＳがもたらしてくれていることは何なのかということを、１つの試論として整理しておきましょう。ここで活用する枠組みは知識創造の考え方です。この知識創造の考え方に則り、ＳＮＳで情報交流されていることの意味を考えます。予断を持つことなく、結論を先にいうならば、企業組織と市場の間での懸隔を埋める、すなわちマーケティングを展開していく方向性の１つとして、企業組織と市場の相互作用による知識創造が重要であり、情報交流を独自の特徴をもって進めるＳＮＳは、それに対して有効であるということです。

まず、知識創造の考え方を確認しておきましょう。それは、イノベーションを起こす企業組織は、既存の問題を解決し、環境変化に対応するために外部からの情報を処理するだけではなく、問題やその解決方法を発見・定義し直すために、組織内部から新しい知識や情報を創出しながら、環境を作り変えていくという考え方で、イノベーションの発生を説明しようとしたものなのです[8]。ここでいう知識と情報は、以下の２つの相違点と１つの類似点を持つとされています。第１に、知識は情報と異なり、「信念」や「コミットメント」に密接に関わり、ある特定の立場、見方、意図を反映している。第２に、知識は情報と異なり、目的を持った「行為」に関わっている。第３に、知識と情報の類似点は、特定の文脈やある関係においてのみ「意味」を持つ、ということです。これらから、情報は行為によって引き起こされるメッセージの流れ

8　『知識創造企業』（野中郁次郎・竹内広高著）83～84頁を参照のこと。

であり、この流れから知識は創出されるので、知識は情報の保持者には信念となって定着し、コミットメントと次なる行為を誘発するものとなります。したがって、状況に依存して、社会的相互作用によって生み出される意味を情報と知識は有することとなります[9]。

このような情報と知識観から、暗黙知と形式知の区別が提示されています。**表４－５**を参照して下さい。暗黙知は、特定状況に関する個人的な知識であり、形式化したり他人に伝えたりするのが難しいとされています。一方で、明示的な知である形式知は、形式的・論理的言語によって伝達できる知識とされています[10]。この暗黙知と形式知が、相互作用し、結果として知識が創造されつつ拡大していくというのが、知識創造の考え方なのです。

知識創造は、４つの知識変換モードを通して進められます。それが、「共同化」、「表出化」、「連結化」、「内面化」というモードです。**図４－９**に示されているように、第１の共同化は、経験を共有することにより個人の暗黙知からグループの暗黙知

表４－５　暗黙知と形式知の対比

暗黙知	形式知
主観的な知（個人知）	客観的な知（組織知）
経験知（身体）	理性知（精神）
同時的な知（今ここにある知）	順序的な知（過去の知）
アナログ的な知（実務）	デジタル的な知（理論）

出所：野中郁次郎・竹内広高（1996）89頁。

を創造するモードです。第2の表出化は、グループの暗黙知をコンセプト、仮説、そしてモデル等の形を取りながら明確な形式知に表わしていくモードです。第3の連結化は、コンセプト等で表される異なる個別の形式知から、それらを組み合わせて体系的な形式知へと創りだしていくモードです。そして、第4の内面化は、個々人の体験が、メンタル・モデルや技術的ノウハウ（書籍、マニュアル、ストーリー等への言語化・図式化）という形で、形式知を暗黙知へと導いていくモードなのです[11]。この4つの知識変換モードにより、暗黙知と形式知が相互循環するプロセスからイノベーションが生まれてくるのです。そして、そこにはそれぞれのモードを動かすためにトリガー（引き金）が必要となります。共同化に向けては、相互作用の「場を作る」ことが必要となります。表出化に向けては、「対話・共同思考」が必要となります。連結化に向けては、新知識と既存知識の「統合」が必要になります。そして内面化に向けては、実際に使用するという「行動による学習」を行うことが必要となってきます。これらのトリガーにより4つのモードが動き出し、知識創造のスパイラルが生まれてくるとされています[12]。

9 『知識創造企業』（野中郁次郎・竹内広高著）85～87頁を参照のこと。
10 『知識創造企業』（野中郁次郎・竹内広高著）88～89頁を参照のこと。
11 『知識創造企業』（野中郁次郎・竹内広高著）92～105頁を参照のこと。
12 知識創造には暗黙知と形式知の相互作用が重要であるが、ここでいう4つの知識変換モードが継続的に動いていき、組織としてスパイラルが促進されていくことが肝要とされています。詳しくは『知識創造企業』（野中郁次郎・竹内広高著）105～109頁を参照のこと。

この知識変換モードの枠組みは、イノベーションを生み出すための組織内の知識創造が目的であり、組織外の関係者との間での知識創造ではありません。それでは、SNSではどのように考えればよいでしょうか。SNSというプラットフォームの構成員、そして参加者であるユーザー等は組織外の位置づけになりますが、もともと組織からは分離して、組織とは異質に位置していました。これら消費者との共創活動によって市場価値のある製品・サービスを考えるように変化してきたマーケティング3・0やマーケティング4・0においては、繋がりを意識したユーザーの塊をSNSが形成し得ること、そ

図4－9　知識変換モードと知識スパイラルへのトリガー

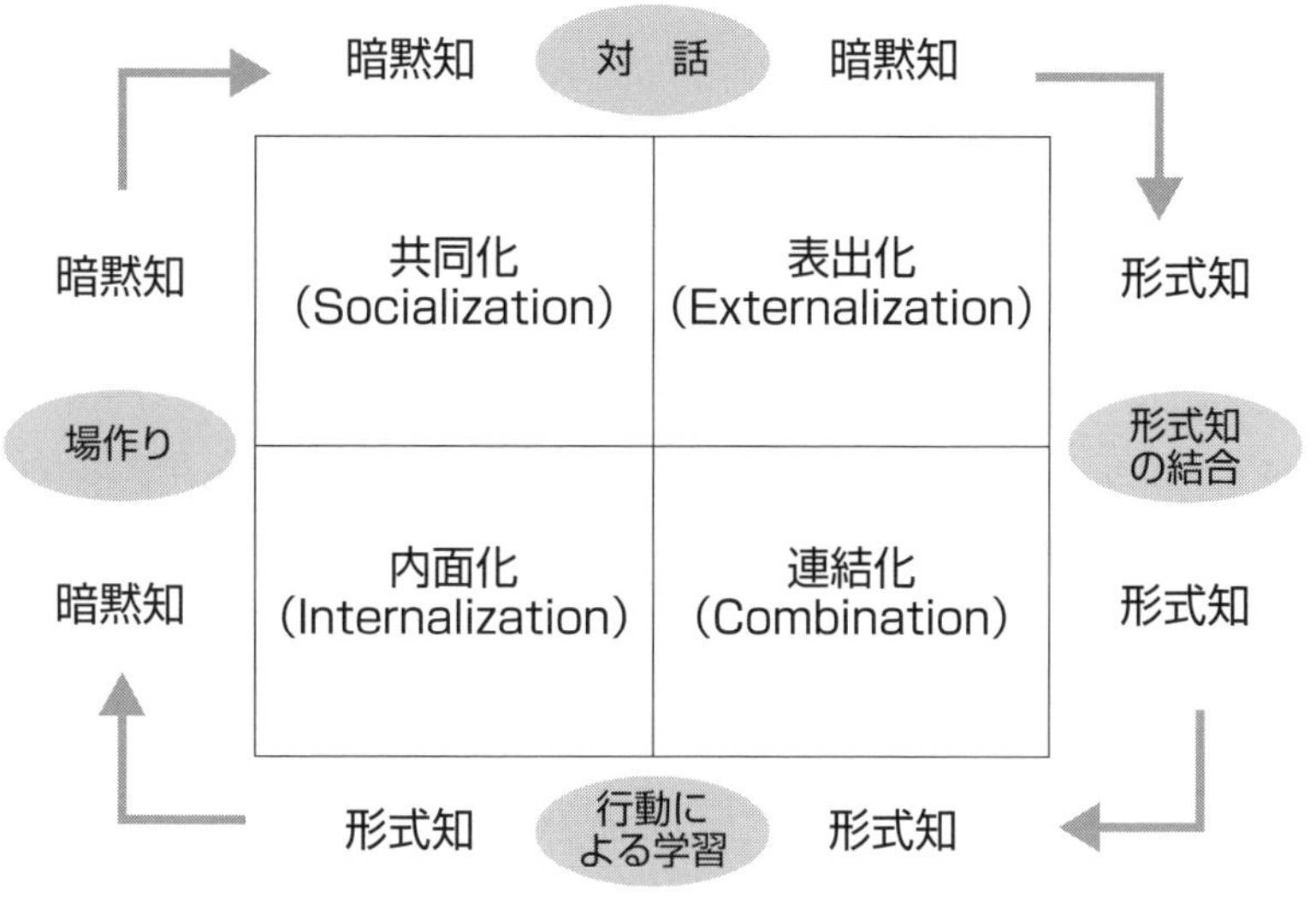

出所：野中郁次郎・竹内広高（1996）105〜109頁に基づき，一部筆者加筆修正。

して即時性や象徴性をもって、相互作用的に消費者たるユーザー間や企業とユーザー間での関係性を築くことができることでは、有益・有効であるといえるでしょう。つまり、SNSのマーケティング活用に対してこの知識創造のモデルは親和性が高いといえます。すでに**表4－5**で見てきたように、暗黙知は、主観的な知（個人知）であり、経験に基づく知であり、今ここにある知であり、アナログ的な実務知であり、したがって問題の並列的処理が可能なものです。一方で、形式知は、客観的な知（組織知）であり、理性的な知であり、順序的な過去の知であり、デジタル的な理論知であり、したがって文脈を離れた普遍的な対応が可能なものです。

これは、これまでに見てきたSNSで扱われる情報や知識と検索エンジンによって得られる情報や知識に当てはまる部分が大きいものと考えられます。つまり、SNSでは、主に暗黙知が、そして検索エンジンでは主に形式知が扱いやすい情報や知識であるということになります。暗黙知と形式知が交換プロセスを経ながら、組織内の個人、グループ、組織、そして組織間へとスパイラルに変化していき、その結果として知識創造が起こりイノベーションが起こってくるのが、知識創造の枠組みです。この枠組みは、組織を超えたサプライサイドとデマンドサイドの知識創造においても効果的であり、それを起こす上でこれまでに見てきたように、SNSは繋がっているメンバー間の暗黙知を形式知化させ、企業を含んだ外部へとにじみ出しながら、形式知を暗黙知化させることにおいて、他のメディアよりも高い優位性を有しているといえるでしょう。特定の小さな共通価値観の繋がり関係から生まれる暗黙知がSNSによって共同化され、この共同化された暗黙知がＳＮＳにより特定的ではあるとしても、多数のユーザーに向かって形式知へと表出化し、そしてこの表出化された形式知がＳＮＳにより連結化されてさらなる形式知となり、さらにこの連結化された形式知がＳＮＳにより特定の共通価値観を有するメンバー間の内面化に向かい、次なる暗黙知となっていくという、まさしく知識創造の知識変換モードがＳＮＳでは生み出され、それゆえにマーケティングという需要と供給の相互作用によるマッチングが生まれやすいということができるのです。

第5章

地方創生におけるボーダレス化とSNS，その有効活用

1 地方創生・地域活性化問題の意味

近年地域活性化が進められていますが、そこでいわれる地方創生であれ、地域活性化であれ、地域のブランド化であれ、結局のところ議論されていることの本質は、人口の減少に襲われる地域の活力減退と縮小均衡に向かわざるを得ない地域経済社会の現実への対応を考えねばならないということなのです。しかしながら、その地域活性化への対応において、それらを解決する妙案がなかなか浮かんできません。比較的多数の事例として目につくのが、地方自体がこぞって行っている「観光による地域活性化」です。そこでは、ほとんどの自治体は、インバウンド観光客という特需ともいうべき現象を頼りに、彼ら・彼女らを消費者として何とか取り込もうとすることにより、地域経済の活性化を図ろうとしているのです。そして、そのために地域産品や地域の観光スポットなどを前面に押し出して、地域の認知度向上と魅力作りを試みながら、地域へやって来る観光客を誘引し、その需要や消費を生み出すことに苦心することになります。もちろん、そのような諸活動の背後には、地域住民の生活を守るために、また街を維持・存続するために地域活性化を図るということが目的として設定されていることは当然のことでしょう。したがって、例えば人口が減少傾向にあり、大きな基幹産業もないような地方地域では、観光に活路を見出すことは仕方がないこと、さらにいえば当然のことなのでしょう。

さて、このような地域活性化活動を見るとき、現実的には矛盾しかねない2つのことが同時に起こってくる可能性が高くなる場合が多々見られます。すなわち、振興政策・経済成長政策と、それに対して調整政策・地域社会維持政策という場合、それはまるで一方で輸血をしつつ、他方で止血をしなければならないという状況に似ています。例えば観光産業を考えると、そこには多くの観光客を取り込み、地域経済を活性化させるというプラスの経済効果と、オーバーツーリズムという言葉に代表される地域住民の生活へのマイナスの社会効果の2つをどのように評価するのかということが問われてきます。街はその地域に住む人々の生活の場であり、一方的にインバウンド観光客だけのニーズにマッチングするようなことではなく、地域住民のニーズもまた満たさねばならず、その際にこの両者が相反するという難しい問題を生み出すことになります。地域の生活環境を維持しながら、地域経済を活性化することには、時には矛盾が生じることがあるのだということです。

さらには、インバウンド観光客といっても特定の国からの観光客に対する依存度が大きくなると、政治的な問題や天災・災害の問題によって、大きなダメージを受けやすくなるリスクが高くなるという問題も生まれてきます。また、COVID-19のような全世界にわたる危機下では、すべてのヒト、モノ、カネの動きが止まり、そのマイナス効果は極めて大きなものとなります。

本章では、このような特徴を持つ地方創生・地域活性化におけるニーズの多様化に対して、どのような対応策が考えられるかを検討します。地域の経済成長に対するニーズと、地域の生活環境を守るニーズとは両立しないものなのでしょうか。多様な顧客を誘引することは難しいことなのでしょうか。**本章**では、これらの問題に対して解決することのできる1つのツールとしてSNSを考察します。たとえ100％解決することはできなくても、部分的にでも解決するために、マーケティングの考え方に則るならば、SNSには有益性があるということを確認することが、**本章**の目的となります。

2 地方創生、地域活性化の意味すること——多種多面的な視点

(1) 地域ニーズの所在

さて、ここであえてニーズの充足という点に着目してみましょう。マーケティングは、需要と供給のマッチングを目的としています。そしてマッチング実現には、ニーズの充足が不可欠です。このニーズには、そのターゲット・標的市場セグメントによって、多様性が存在するこ

とになるでしょう。そして、それは地域の活性化でいえば、大きくは地域住民のニーズと、来街者のニーズに大別できるでしょう。さらにはそこから細分化して若年者のニーズと高齢者のニーズの区分、個人旅行など個人のニーズとパッケージ旅行などの集団のニーズにも細分類できます。これらのニーズへの適応の具体的な方向として、以下のような用語がよく使われています。それは、「街おこし」、「商店街活性化」、「インバウンド観光」、「街づくり」、「産学連携・民産官学連携」、「地場産業」、「産業集積・産業クラスター」、「地場産業の活性化」、「コミュニティビジネス」、「地域資源の再発見・開発・編集」、「地域のブランディング」、「地域の逸品づくり」、「グローバルとローカル」、「若者・よそ者の融合」、「移住推進」、「交流人口」、「場作り」、「コト消費」、「地域の歴史・物語」、そして「一次・二次・三次産業がつながる六次産業」等々の多様な用語で表現されることが多く見られます。これら全ては、現代的にいえば、いわゆる地方創生という社会課題に対する具体的な活性化のきっかけ、契機、ヒントであり、実践への方向性であるのです。

そこで、本来の地方創生の意味することを考えておきましょう。「まち・ひと・しごと創生本部」は内閣府に設置されており、そこでは、「地方創生とは、各地域がそれぞれの特徴を活かした自律的で持続的な社会を創生すること」とされています。まち・ひと・しごと創生本部は、「人口急減・超高齢化という日本が直面する大きな課題に対し、政府一体となって取り組み、各地域がそれぞれの特徴を活かした自律的で持続的な社会を創生することを目指して設立されました。国民の皆様が誇りを持ち、将来に夢や希望を持てる、誰もが安心して暮らすことができる地域づくりを進めるため、３つの視点を基本として、魅力あふれる地方を創生し、地方への人の流れをつくってまいります。また、経済の回復を全国津々浦々で実感できるようにしてまいります。[1]」というミッションを持って設立されている行政本部となります。

そして、その本部が実践的に動くための基軸として、「まち・ひと・しごと創生法」が制定されました。それは、「少子高齢化・人口減少に歯止めをかけると共に、東京圏への人口集中を是正し、それぞれの地域で住みよい環境を確保することによって、将来にわたって活力ある社会を維持していくために、まち・ひと・しごと創生（地方創生）に関する施策を総合的かつ計画的に実施することを目的とする法律」とし

表５－１　地域創生の目的視点から見た対象領域

しごとづくり	地域産業，農林水産業，企業立地・誘致，雇用促進等
まちづくり	市街地活性化，都市再生，環境モデル都市等
ひとづくり	教育，子育て，少子化対策，自立支援等
地域コミュニティづくり	集落再生，移住・定住促進，日本版CCRC (Continuing Care Retirement Community)，小さな拠点，地域医療網地域福祉，地域の社会的介護等
その他	地域交通（二次交通），情報通信，地域熱源等のインフラ整備等

出所：「まち・ひと・しごと創生法」（2014）に基づき一部筆者加筆修正。

て、平成26（２０１４）年に第二次安倍内閣において制定されています。これらから、地方創生の進むべき方向性が**表5－1**のように整理できます。地域創生の目的視点や3つの視点（まち、ひと、しごと）に基づいて、その対象となる領域を示したものです。ここでは、しごとづくり、まちづくり、ひとづくり、地域コミュニティづくり、そしてその他に分類されています。

これらを見ると、前述の地域活性化における具体的なニーズの方向性や対象は多様になっています。また、地域属性が多様であれば、地域ニーズも多様になります。実態としては、「まち・ひと・しごと」という3つの視点において、各地方自治体での温度差も存在します。3つの視点が等しく重要であるということではなく、場合によってはそれらには優先順位が存在するということです。

例えば、２０１９年の夏に行った新潟県や燕市へのインタビュー調査[2]では、3つの視点の中で「しごと」が最も大事であるという答えが返ってきました。「まずは、仕事がないことには、人は集まらない」ということです。すなわち、「仕事が生まれる→人が集まる→街が活性化→仕事が生まれる→……」という循環が、地域において生まれてくることが重要であり、

1　首相官邸のホームページにおける、「まち・ひと・しごと創生本部」に基づいたものです。
2　筆者が行った２０１９年新潟県庁と新潟県燕市に対するインタビュー調査に基づくものです。なお、インタビュー調査は、２０１９年８月に実施されています。
3　２０１９年度朝来市創生会議での議論・意見確認等に基づくものです。

新潟県や燕市ではそれを志向した地方創生・地域活性化が行われています。一方、兵庫県朝来市では、「ひと」が大事であるという答えが返ってきます。[3] それは、「雇用人口の存在がないと、産業の活性化は起こらない」ということです。もちろん朝来市でも観光インバウンド対応等は重要視されています。しかしながら、何よりも人口の減少に対する危機感が高いのです。法人税優遇や地域開発のインフラストラクチャーの整備を行って、企業誘致等を進めたとしても、少子高齢化が相対的により進んでいる地域では、その地域人口が縮減し、当然ながらそれは生産年齢人口に最も大きく影響を及ぼしてきます。したがって、企業誘致等により「しごと」が増えたとしても、それに対応する労働人口が確保できないということになります。これらは1つの例でしかありませんが、地域によって求めるニーズが異なり、そして目指すべき方向性が異なってくるということを示しています。それでは、このような異なる状況はなぜ起こってきたのでしょうか。何に起因するのでしょうか。次に、それを考えてみましょう。

(2) 人口問題と地場産業の関係

地域活性化において地域に求められるニーズの差異を生みだす原因は三つあると考えられます。

第1の原因は、周辺地域をも含んだ余剰人口の存在です。一般的には、都市圏においては、

表５－２　2019年　全国都道府県人口密度

（人／km^2）

都道府県	人口密度	都道府県	人口密度
北海道	64	滋賀	353
青森	134	京都	554
岩手	82	大阪	4,644
宮城	316	兵庫	663
秋田	86	奈良	369
山形	117	和歌山	204
福島	138	鳥取	161
茨城	484	島根	102
栃木	308	岡山	269
群馬	311	広島	335
埼玉	1,943	山口	226
千葉	1,224	徳島	181
東京	6,263	香川	526
神奈川	3,803	愛媛	243
新潟	180	高知	101
富山	250	福岡	1,029
石川	274	佐賀	340
福井	188	長崎	331
山梨	186	熊本	240
長野	155	大分	183
岐阜	192	宮崎	143
静岡	479	鹿児島	179
愛知	1,462	沖縄	647
三重	316	全国	337

注１：人口密度は人口（2019年）／面積（2018年）で算出している。

注２：人口および面積は「平成31年住民基本台帳人口・世帯数表」「平成30年全国都道府県市区町村別面積調査」に基づく。

出所：帝国書院　統計・ニュース。

余剰の生産労働人口が存在していますが、地方では容易に生産労働人口を確保できない状況が存在します。それは実情として地域の周辺にまで広げても、人口の縮減を止めることができないということです。都道府県レベルでの人口の分布を確認してみましょう。いわゆる人口密度（人口統計に基づく単位面積1㎢に居住する人の数）で見れば、**表5－2**のようになります。これは全国の都道府県レベルでの人口密度です。2019年の人口を／2018年の面積で除したものです。東京都が最も高い人口密度を示し、6263人です。2番目に多いのが、大阪府で4644人、3番目に多いのが神奈川県の3803人となります。その後、1000人以上の地域に着目してみると、4番目に埼玉県が1943人、5番目に愛知県が1462人、そして千葉県が1224人で6番目、福岡県が1029人で7番目の多さとなります。相対的には、いわゆる三大都市圏とその周辺の都道府県が上位を示しています。大都心周辺地域は、労働力としてもそして消費力としても、人口が高密度に集積しているということになります。

また、**表5－3**にあるように、2010年から2015年にかけての人口増加率では、沖縄が2・9％の増加で1位を占め、東京都が第2位の2・7％の増加、埼玉県と愛知県が第3位の1・0％の増加、神奈川県が第5位の0・9％の増加、そして福岡県が0・6％の増加、滋賀県が0・2％の増加、さらに千葉県が0・1％の増加と続いています。これら以外の都道府県はマイナス成長となっています。沖縄県と滋賀県は人口密度では、それほど大きな数字を示していませんが、成長度でいうと伸びてきています。この2つの県を除くと、それ以外の都道

表5－3　2010年－2015年の人口増加率

(%)

都道府県	増加率	都道府県	増加率
北海道	-2.3	滋賀	0.2
青森	-4.7	京都	-1.0
岩手	-3.8	大阪	-0.3
宮城	-0.6	兵庫	-1.0
秋田	-5.8	奈良	-2.6
山形	-3.9	和歌山	-3.9
福島	-5.7	鳥取	-2.6
茨城	-1.8	島根	-3.2
栃木	-1.7	岡山	-1.2
群馬	-1.7	広島	-0.6
埼玉	1.0	山口	-3.2
千葉	0.1	徳島	-3.8
東京	2.7	香川	-2.0
神奈川	0.9	愛媛	-3.2
新潟	-3.0	高知	-4.7
富山	-2.5	福岡	0.6
石川	-1.3	佐賀	-2.0
福井	-2.4	長崎	-3.5
山梨	-3.3	熊本	-1.7
長野	-2.5	大分	-2.5
岐阜	-2.3	宮崎	-2.7
静岡	-1.7	鹿児島	-3.4
愛知	1.0	沖縄	2.9
三重	-2.1	全国平均	-0.8

注：データは平成27年国勢調査に基づく。
出所：帝国書院　統計・ニュース。

府県の人口増加率は相対的には人口密度と連動し、人口密度が高い人口の集中地域には人口の増加も伴われていることがわかります。

新潟県や燕市は、各種行政機関や経済組織の重要機能が集積する傾向が高いことや、本来地場産業と呼べるものが存在し、長い期間にわたって地域経済に根付いてきているため、これらに関わる労働力人口を周辺地域からも吸引しているといえます。それに対して、兵庫県下の朝来市は、兵庫県そのものが南北に長い地理的広がりを持つ中で、北部地域と南部地域にとっての出入口に当たる部分に位置し、中間農業地域と山間農業地域を合わせたいわゆる中山間地域になります。したがって、本来的に人口分布・労働人口の吸引においては、劣位に置かれることになります。また、産業としても成長性の高い地場産業が必ずしも育ってきてはいない状況にあることから、それぞれに「しごと」が優先されたり「ひと」が優先されたりしているのです。

第2の原因には、地場産業の存在を挙げることができます。これは、特定の産業や経済活動が、地場産業として歴史的に当該地域に埋め込まれてきているかどうか、そしてそれがその後の地場産業の成長・維持に影響を及ぼすということです。[4] 例えば、新潟県の燕市は、現在金属洋食器が有名です。それは、もともとは江戸時代の初期に、冬の農閑期に出稼ぎ作業につく代替として地元での労働の場・機会を提供するための和釘製造が始まり、銅器、やすり、タバコ器具の煙管、筆と墨壺を一体にした携帯筆記具の矢立、カトラリー（スプーン、フォーク、そしてナイフ等）、そして金属洋食器へと、長い歴史を経て地場産業としての金属産業が育成・成熟されてきているということです[5]。したがって、地域には金属産業のインフラストラクチャーが埋め込まれていることになります。一方で、兵庫県朝来市では、農林業を中心とした産業が蓄積されてはいますが、全市を代表する産業としては劣位にあります。そういう状況下で、近年天空の城と呼ばれる竹田城跡への入城者の増加や、2017年に日本遺産に指定された「播但貫く、銀の馬車道　鉱石の道～資源大国日本の記憶をたどる73kmの轍～」に基づく生野銀山や神子畑選鉱場跡という観光資源を梃子に、観光産業が注目されています。観光資源そのものは、長い歴史を持ったものですが、それを観光産業の資源として育成・維持してきたという点では、まだ地域に埋め込まれたものとはなっていません。地場産業としてはまだまだ成熟していないのです。新たに地場産業として発展させていくためには、それに関わる人材（人財）が必要であり、これが朝来市に「ひと」を優先させている原因の1つといえるでしょう。

そして、第3の原因は、産業の集積等を志向するとしてもその集積には属性の差異が存在するということです。つまり、製造業の集積と、商業・サービス業の集積では、サプライ側の労

4　North D.（1955）を参照のこと。
5　長い歴史の中で培われた技術に基づき、地場産業として発展してきた企業・産業が地方や地域には存在しています。そして、それらが伝統産業として、今も育てられています。例えば、福井県鯖江市の眼鏡産業、大阪府堺市の刃物産業、佐賀県有田市の窯業（有田焼）等が挙げられます。西村（2015a）や西村（2015b）を参照のこと。

働人口とデマンド側の消費人口という二面対応において、差異が存在しているということなのです。製造業中心の産業活性化を進めているエリア（例えば、新潟県燕市等）では、産業の相手は基本的にはＢtoＢが中心となります。一方で観光産業等のサービス業中心の産業活性化を進めるエリア（例えば、兵庫県朝来市等）では、産業の相手は最終消費者・ユーザーとなり、ＢtoＣが中心となります。したがって、その集積に必要なインフラストラクチャー、機関、そして人材等は変わってくることとなります。極めてシンプルにいうならば、例えばＢtoＢ領域では卸売業者の活躍する部分は大きなものとなりますし、ＢtoＣ領域では小売業が活躍する部分が大きくなるでしょう。

以上、地方創生において、「まち、ひと、しごと」と呼ばれるその政策目標の内容は、右記のように多様性に富んでいるといえます。人を吸引するとしても、労働力としての生産年齢人口の増加もあれば、観光客としての交流人口の増加もあるでしょう。また、働き方改革が進行している現代社会では、コンプライアンス対応はもちろんのこと、労働者の働くことへの価値観は変わってきています。また、モノ消費からコト消費へ、そしてリアル購買からネット購買への消費者の消費行動・買物行動の変化も顕在化してきています。そのような中で地方創生や地域活性化には、従来の活性化方策ではなく、新たな価値創出による地域の活性化が求められることとなります。したがって、これらに対して網羅的に対応するためには、基本的には当該地域の多様なニーズに合致した活性化が実現されることが求められることになるでしょう。

そして、その際に、地域の活性化とはいえ、その多様なニーズへのアプローチには、その方向性が社会的価値と合致していることが必要となるでしょう。個別適応をしつつ、全体最適に合致するということです。それは、マーケティングでいうところのマス・カスタマイズ（従来の大量生産による規模の経済の実現体制を確保しつつ、一方で多様化する顧客ニーズに個別に対応するという考え方）の実現ということになるのです。

3 地方創生における諸課題とマッチング

それでは、地方創生や地域活性化にはどのような課題が存在するのでしょうか。次にこの地域諸課題を確認してみましょう。

平成29年版の総務省編『情報通信白書』においては、わが国が直面する社会的課題、すなわち生産年齢人口の減少とそれに連動する地方の人口流出の解決に役立つＩＣＴ利活用のあり方が展望されています。そこでは、少子高齢化による生産年齢人口の減少とそれに連動する地方の人口流出の両者は、「生産力の低下」と「地域経済の縮小」に直結する問題であるとされているのです。そして、この２つの課題に対して、まず、「生産力の低下」に対応するには、労

6　総務省編（２０１７）『情通信白書　平成29年版』170～175頁を参照下さい。

働の量と質を上げていくこと、すなわち社会全体の労働参加率と労働生産性を向上させていく必要があるとされ、働き方改革とＩＣＴ利活用によって、この課題が解決されるとされています。次に、「地域経済の縮小」に対応するには、地方の人口流出問題に注目し、交流人口と定住人口の増加のための取組みの１つとして、ＩＣＴを利活用した観光振興策やふるさとテレワーク等の役割と効果が期待されています。[6] **図５－１**を参照下さい。

この**図５－１**に示されているように、結局のところ「生産力の低下」と「地域経済の縮小」が、地方創生においては重要な課題となってきており、この両課題を解決することが必要になってきます。そして、その解決方法が**図５－１**の右半分に示されているのです。この右半分には、ＩＣＴ活用が提示されていますが、このＩＣＴは実態としてはＳＮＳの活用を指しています。平成30年版の総務省編『情報通

図５－１　社会課題に対する解決の方向性とICT利活用

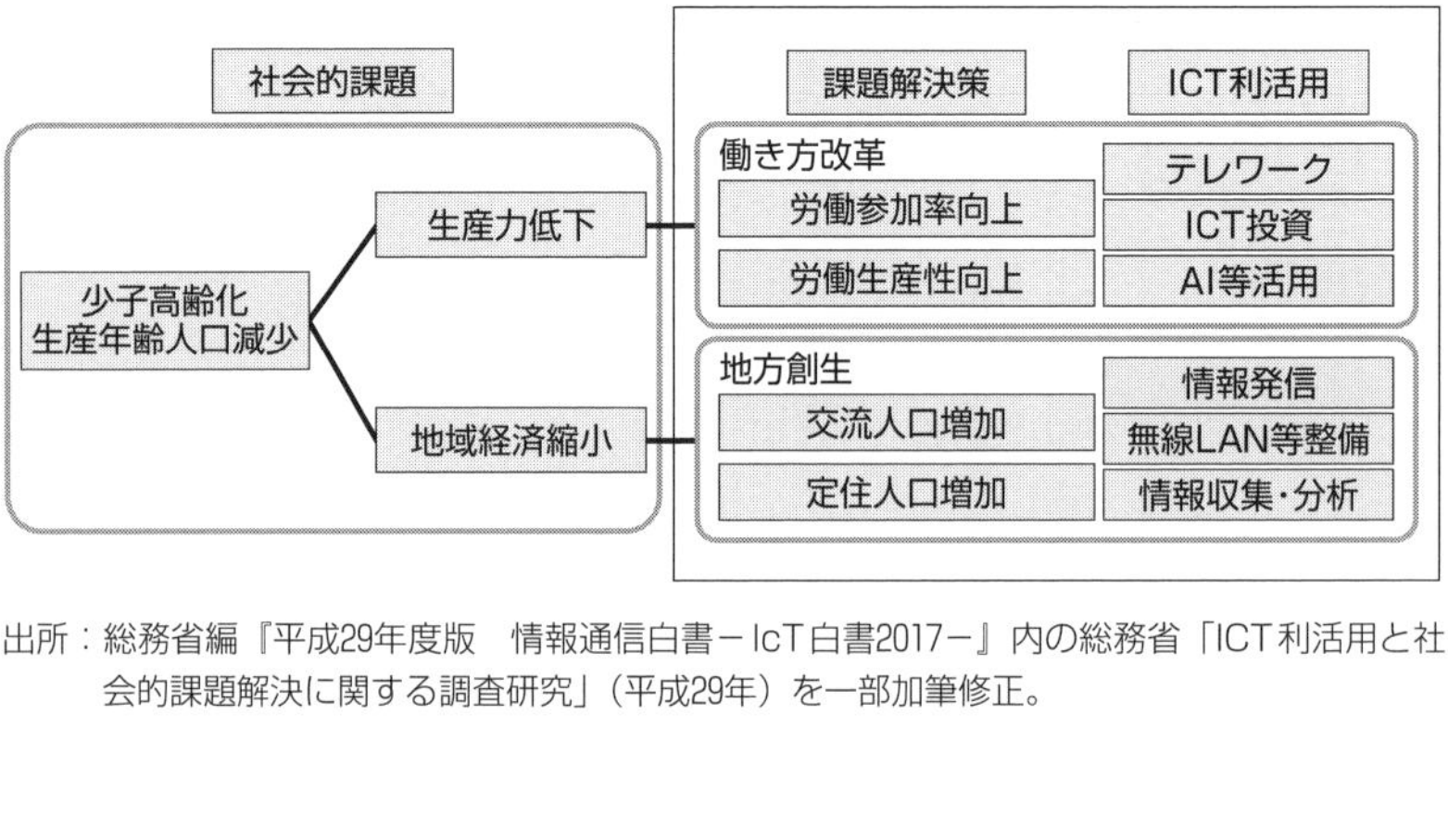

出所：総務省編『平成29年度版　情報通信白書－IcT白書2017－』内の総務省「ICT利活用と社会的課題解決に関する調査研究」（平成29年）を一部加筆修正。

信白書』においては、人口減少時代のＩＣＴによる持続的成長の重要性を指摘しつつ、多様な人々の社会参加を促すＩＣＴによるコミュニケーションが着目されています。つまり、地域の人々を繋ぐＩＣＴ利用事例として、ソーシャルメディアを活用して、困り事とその支援意向を結びつける仕組みが増えてきているのです。そこでは、ＯtoＯ（オンラインtoオフライン）型の地域ＳＮＳや、日常の家事などの困りごとを抱えている人とサービスを提供したい人とをつなぐシェアリングサービスなどが、進められてきています。これまで、地域における共助は自治会などのコミュニティや地方自治体が中心となり進めてきたのですが、現実社会のコミュニティへの参加率が下がる中で、それを補完するものとしてオンラインでの共助の仕組みが重要視され、運営主体が地方自治体と連携することにより、地域の人々をオンラインで繋いでいるのです。すなわち、ＳＮＳは困っている人と支援したいと考える人を繋ぐことで、日常生活の困りごとを地域において解決することに貢献することができるものなのです。**図５－２**と**図５－３**は、具体的に日常生活で困っていることがある人とそれを助けたい人について、それぞれ地域内の助け合いのためのＳＮＳの利用意向を総務省が調査したものです。

まず、**図５－２**の日常生活の支援を求めている人のソーシャルメディアの利用意向（困っている人の回答）を見てみると、ほとんどの回答で50％を超え、利用意向に対して肯定的な回答となっています。最も高い数字を示しているのは、「ふだんの買いものを頼む相手が欲しい」が75・７％、２番目に「日常のちょっとした家事を頼む相手が欲しい」が56・３％、３番目に

図5－2　日常生活の支援におけるソーシャルメディアの利用意向（困っている人の回答）

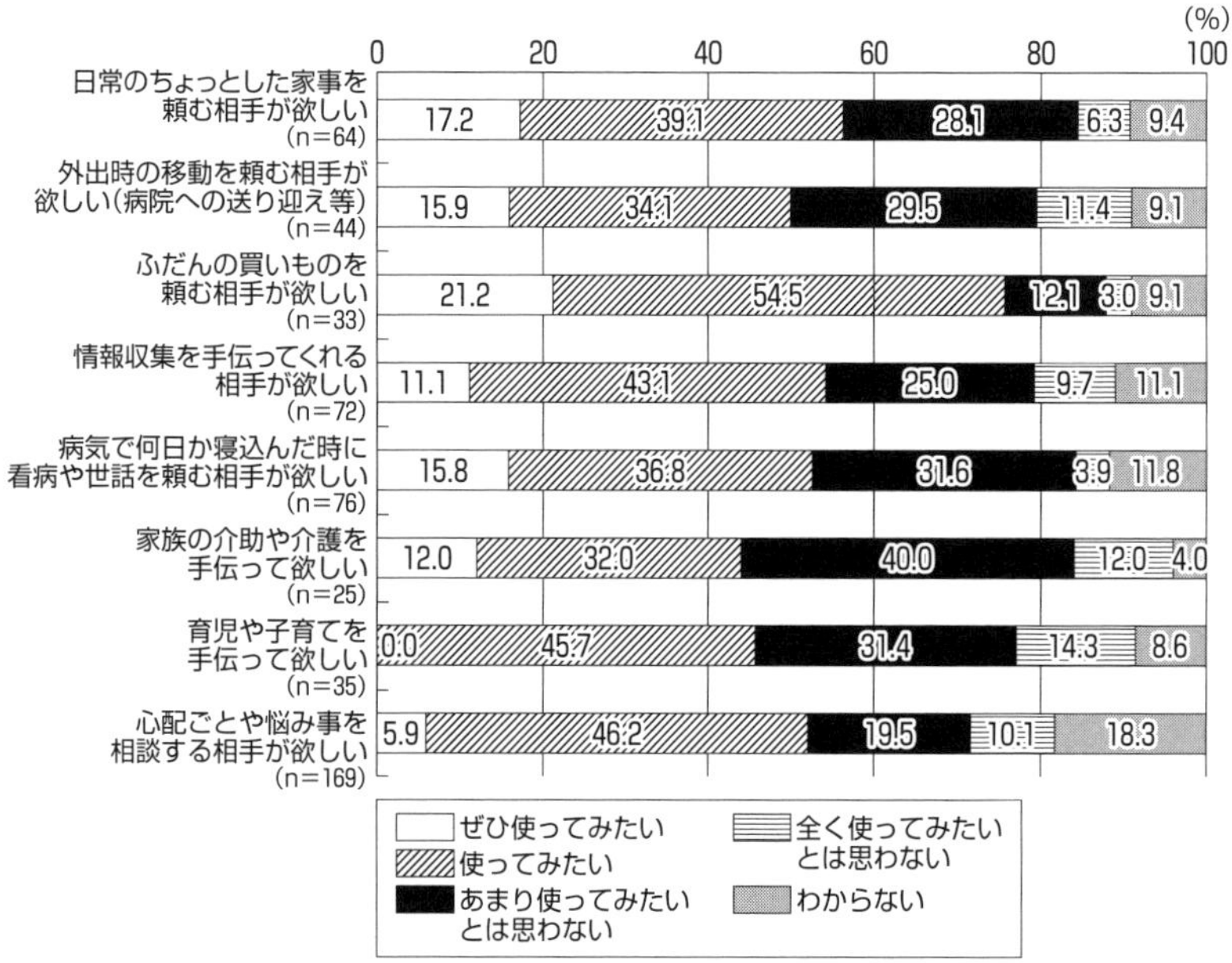

出所：総務省編『情報通信白書　平成30年版』内の総務省「ICTによるインクルージョンの実現に関する調査研究」170頁。

図5－3　日常生活の支援におけるソーシャルメディアの利用意向（助けたい人の回答）

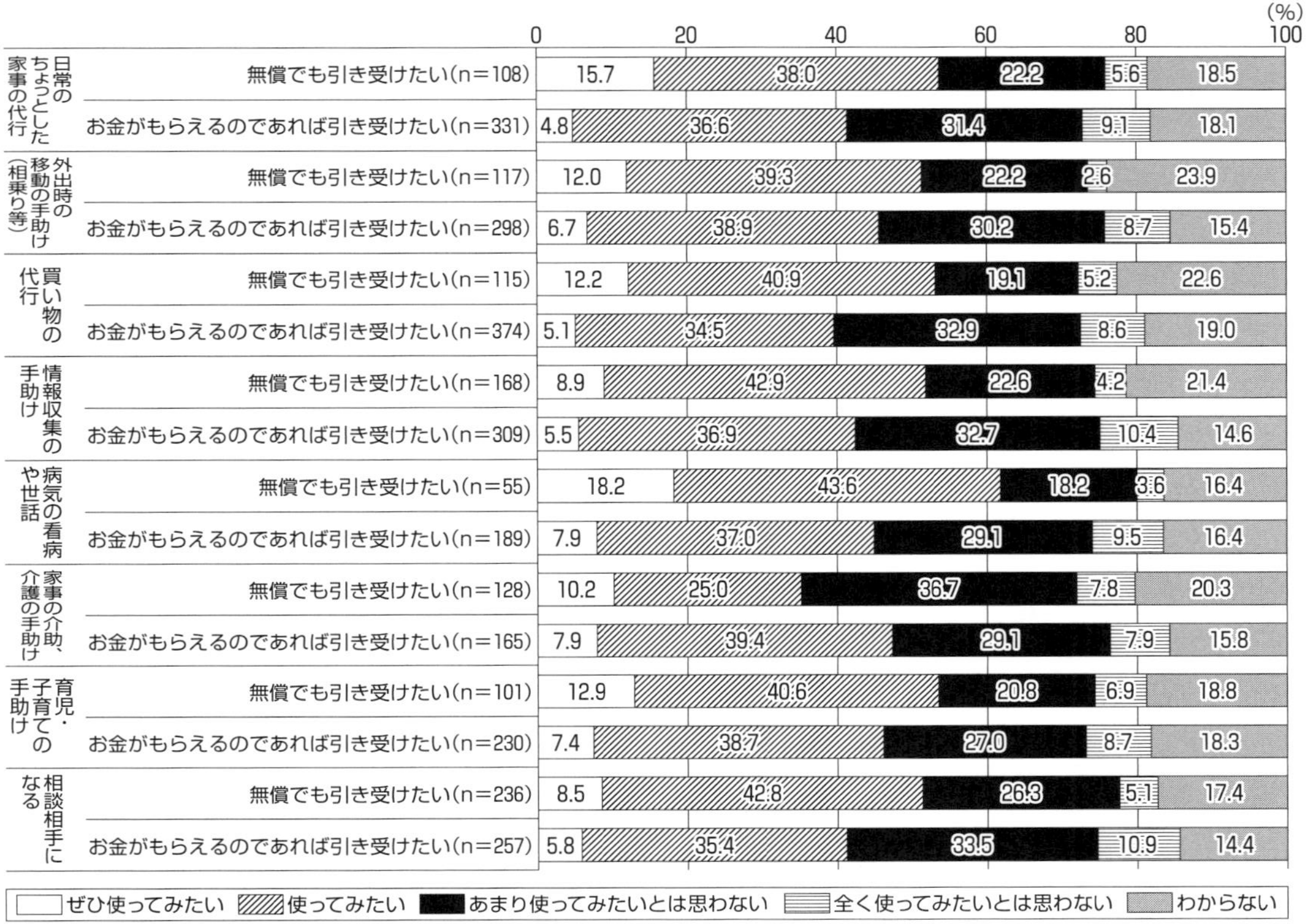

出所：総務省編『情報通信白書　平成30年版』内の総務省編「ICTによるインクルージョンの実現に関する調査研究」171頁。

「情報収集を手伝ってくれる相手が欲しい」が54・2%となっています。さらには、4番目に「病気で何日か寝込んだ時に看病や世話を頼む相手が欲しい」が52・6%、そして5番目に「心配ごとや悩み事を相談する相手が欲しい」が52・1%と続いています。

　これに対応して、**図5－3**は、地域の人の困りごとを助けたいと考えている人に、困っている人と支援したい人をつなぐソーシャルメディアの利用意向を確認したものです。ここでは、おおむね半数弱が提示されているようなソーシャルメディアを使ってみたいと回答しています。すなわち、**図5－2**は求める人の意向を示したものであり、**図5－3**はそれに対応したい人の意向を表しています。ここでは、最も高い意向を示しているのが、「病気の看病や世話を無償でも引き受けたい」という答えで、61・8%を示しています。2番目に多いのが「日常のちょっとした家事の代行を無償でも引き受けたい」で53・7%、3番目に「育児・子育ての手助けを無償で

図5－4　地域課題のマッチング

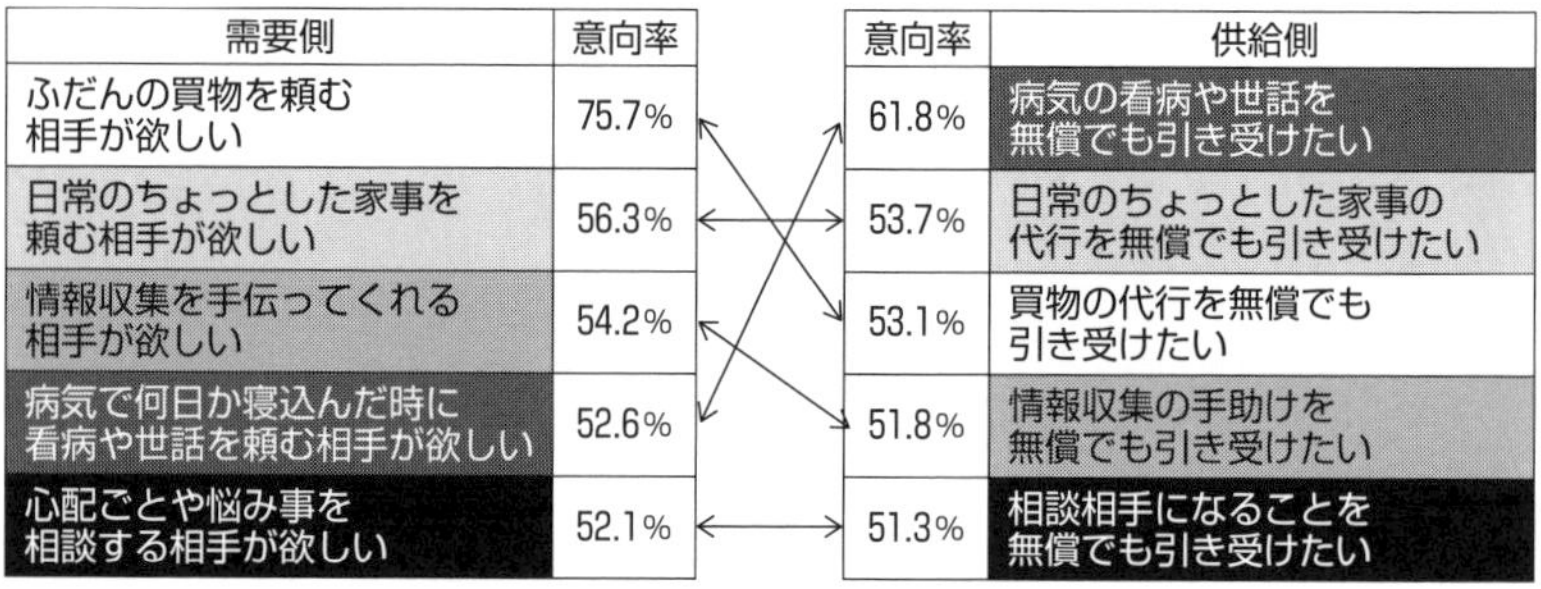

需要側	意向率		意向率	供給側
ふだんの買物を頼む相手が欲しい	75.7%		61.8%	病気の看病や世話を無償でも引き受けたい
日常のちょっとした家事を頼む相手が欲しい	56.3%		53.7%	日常のちょっとした家事の代行を無償でも引き受けたい
情報収集を手伝ってくれる相手が欲しい	54.2%		53.1%	買物の代行を無償でも引き受けたい
病気で何日か寝込んだ時に看病や世話を頼む相手が欲しい	52.6%		51.8%	情報収集の手助けを無償でも引き受けたい
心配ごとや悩み事を相談する相手が欲しい	52.1%		51.3%	相談相手になることを無償でも引き受けたい

出所：筆者作成。

も引き受けたい」で53・5％、4番目に「買い物の代行を無償でも引き受けたい」が53・1％、5番目に「情報収集の手助けを無償でも引き受けたい」が51・8％、6番目に「相談相手になることを無償でも引き受けたい」が51・3％となっています。したがって、図5－4にあるように、地域課題における需要と供給はマッチングしている程度が高いということが明らかであるのです。

4 地域課題に対するＳＮＳの意義

(1) 地域課題におけるＳＮＳの有効性

マーケティングは、需要と供給のマッチングを目指すものです。困りごとのあるセグメントと、困りごとを解決するセグメントが確実に存在するのであれば、この両者のマッチングはまさしくマーケティングの問題となります。しかしながら、困っている人と困っている人を支援したいとしている人のニーズそのものの充足は、その方法や内容において有効なものでなければなりません。それは、地方創生の時代あるいは地域活性化の時代にあっては、日本全体での人口縮減化と生産労働力の供給量の低下による地域経済の疲弊への解決方法ということになります。このような状況の日本にあっては、ICTやSNSを活用することによって、労働集約性を上げて、付加価値を持った経済活動を進めることを志向していく必要があるでしょう。以下では、SNSが有効なツールとしてもたらしてくれる効果・有効性について、若干の考察を加えましょう。

平成22年版の総務省編『情報通信白書』において、その第1部に特集としてICTの利活用による持続的な成長の実現が整理されています。そこでは、地域SNSの

図5－5　地域SNSがもたらす効果

「人との出会い」「地域情報の入手」「地元への愛着」が6割以上で，ほとんどの項目で30%以上の効果

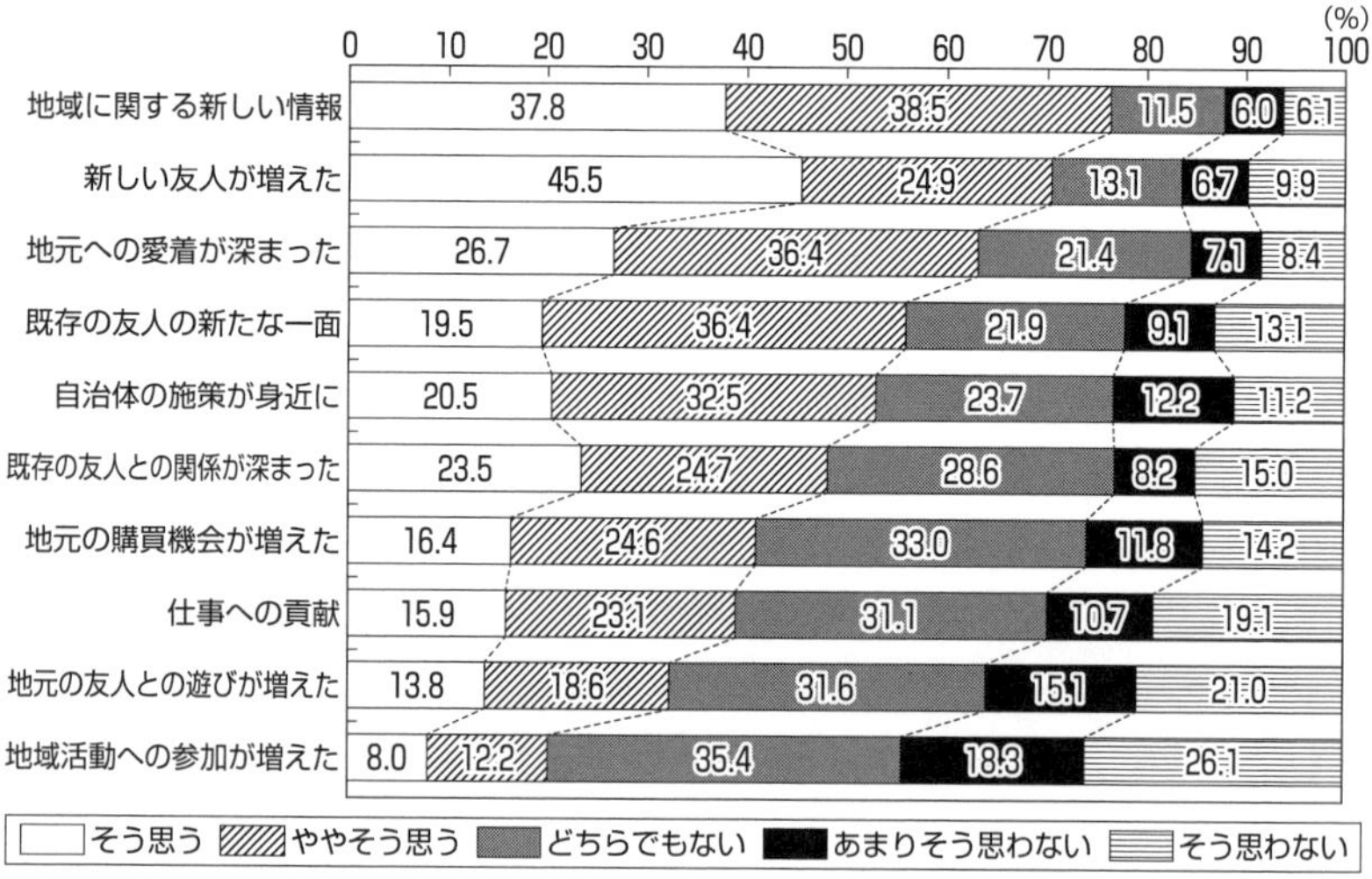

出所：総務省編『情報通信白書　平成22年版』内の総務省・国際大学GLOCOM「地域SNSに関する調査研究」（平成22年）。

利用による効果が調査されています。以下の**図5－5**を参照下さい。全体としては、「そう思う」と「ややそう思う」と回答した、つまり肯定的な効果が50%を超える項目が7割を占めています。特に、「地域について新しい知識と情報を得た」が76・3%、「新しい友人・知人が増えた」が70・4%、「地元の自然環境や文化への愛着が深まった」が63・1%と高い結果となっています。その他に、「既存の友人の新たな一面を知った」、「自治体の施策が身近になった」、「既存の友人との関係が深まった」、そして「地元の購買機会が増えた」が50%以上の肯定的評価と続き、SNSによって地域における情報上の関係、人的関係、そして地域との関係における繋がりの醸成実現が、その主たる効果となっています。地域の生活を多面的に豊かにしていくという効果がSNSにはあるということが、確認されているのです。

地域創生・地域活性化の課題である地域の生活環境をより良いものに促進し、同時に地域経済を維持・発展させるという観点からは、既述の調査によればSNSにはその役割を期待できるということがうかがい知れます。もちろん、まだまだ十分であるとはいい難いところがありますが、それは日本社会におけるSNS等の進展・IoT導入の遅れと解釈するのであれば、逆に日本社会がある程度のレベルに追い付けば、地域社会の生活環境の維持・促進と、地域経済の活性化の両立を実現する可能性が今以上に顕在化してくると考えられます。それは、他国との比較で見ても明らかに可能性が期待できるということになります。

次頁の**図5－6**は、第4次産業革命に向けた2017年時点の各国企業の位置づけです。

図５－６　第４次産業革命に対する各国の対応状況

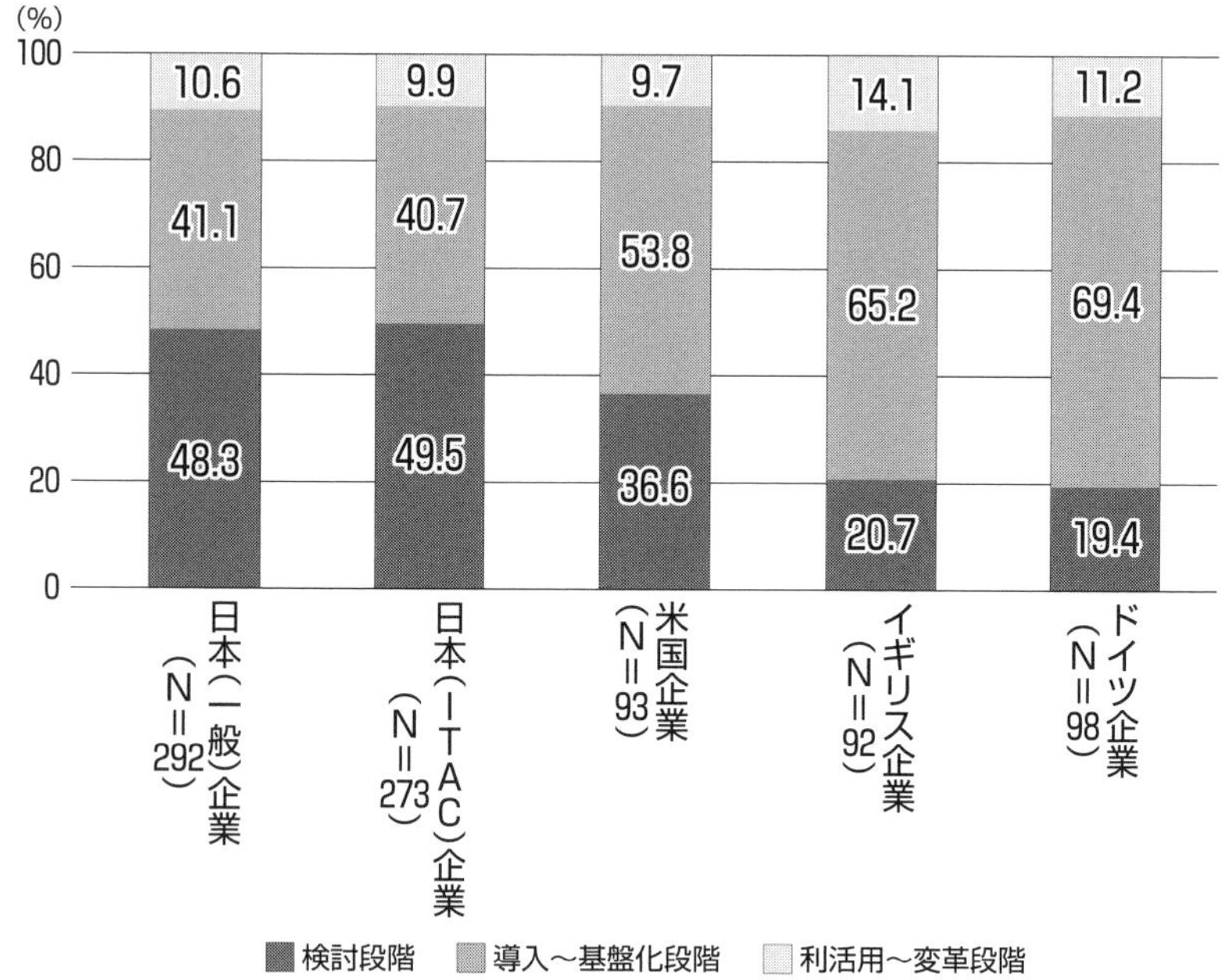

段　階	内　容
検討段階	・導入や対応に向けて検討を進めている
導入～基盤化段階	・プロセスやプロダクトに係る導入や投資を進めている ・売上高やROI等へのインパクトは小さいがプロセスやプロダクトの面で成果が見え始めている
利活用～変革段階	・第４次産業革命への対応が，売上高やROI等にインパクトを与えている ・自社のデジタル変革等，重要な推進力となっている

注：第４次産業革命に係る取組みを行っていない・今後行う予定がない回答は除く。
出所：総務省編『情報通信白書　平成29年版』116-118頁をもとに筆者作成。

「検討段階」、「導入～基盤化段階」、そして「利活用～変革段階」の3段階に対する回答者の自己評価を表わしています。ドイツ、イギリス、そして米国では導入～変革段階に至っている企業組織が多数を占めています。それに対して、日本企業は、一般企業とＩＴＡＣ（業務プロセスを実行する際に利用するアプリケーションに組み込まれた統制のことで、ＩＴに係る業務処理統制 Information Technology Application Control の略）企業と共に「検討段階」が最も多くなっています。日本企業は、ＩｏＴやＩＣＴ等の飛躍的反転を基盤にした第4次産業革命に向けては、まだまだ遅れているということになるのです。

さらに、次頁の**図5－7**は、業種で見た今後の情報通信技術の進展や導入を期待されるものを国別で示しています。自動車製造業、その他の製造業、エネルギー・インフラストラクチャー、小売業、金融・保険業、教育サービス業の領域において、日本はまだまだ遅れていることがわかります。地域の活性化のためにはこの領域のさらなる情報化の導入が期待できるのです。

(2) マス・カスタマイズ視点からのSNSとマーケティング

さて、ここまではＳＮＳの利用によって、需要と供給をマッチングさせるマーケティングを進めていくことにより、地方創生・地域活性化の諸課題を解決するべく考察してきました。このマーケティングにおいては、個別のニーズに対応することが究極ですが、そこには製造・流

図５－７　第４次産業革命の変革を享受すると思われる業種

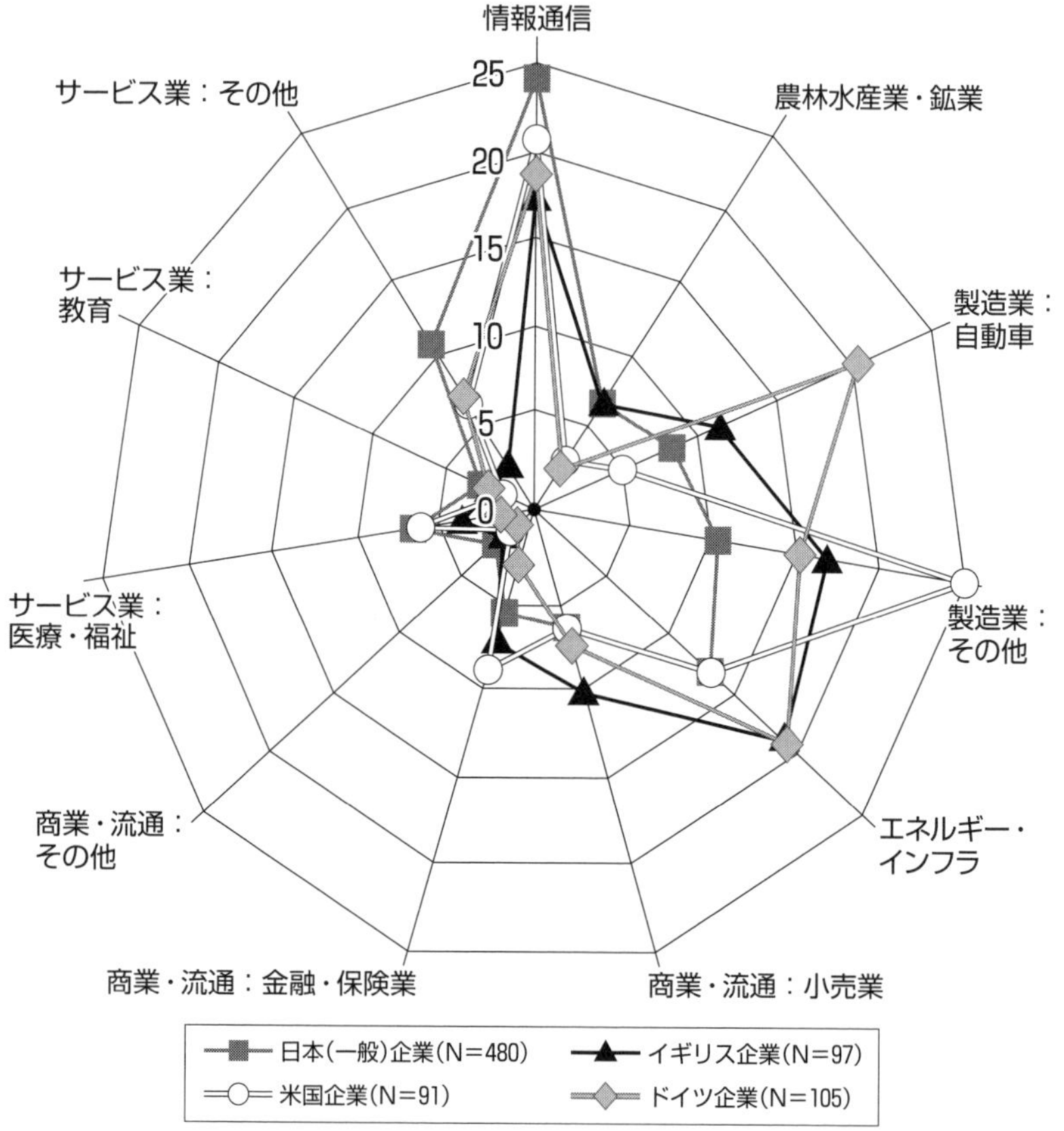

出所：総務省編『情報通信白書　平成29年版』116-118頁。

通コスト上の限界・制約があり、１対１対応は現実的に不可能でした。しかしながら、ＩＣＴやＩｏＴの進展により、かなりの程度で特定の個別取引関係の実現が可能となってきました。また、最終消費者を対象とするＢtoＣ取引では、現代社会では最終消費者のニーズの多様化・多面化が進んだため、個別適応の重要性・必要性が増してきています。そして、ある程度の経済性を担保しつつそれを実現せねばなりません。そのような状況に適応するのが、マス・カスタマイゼーションの考え方です。

マス・カスタマイゼーションは、**図５－８**に示されているように、大量生産がもたらす生産性を維持しつつ、注文生産で求められる顧客適応を実現するもので

図５－８　マス・カスタマイゼーションの位置づけ

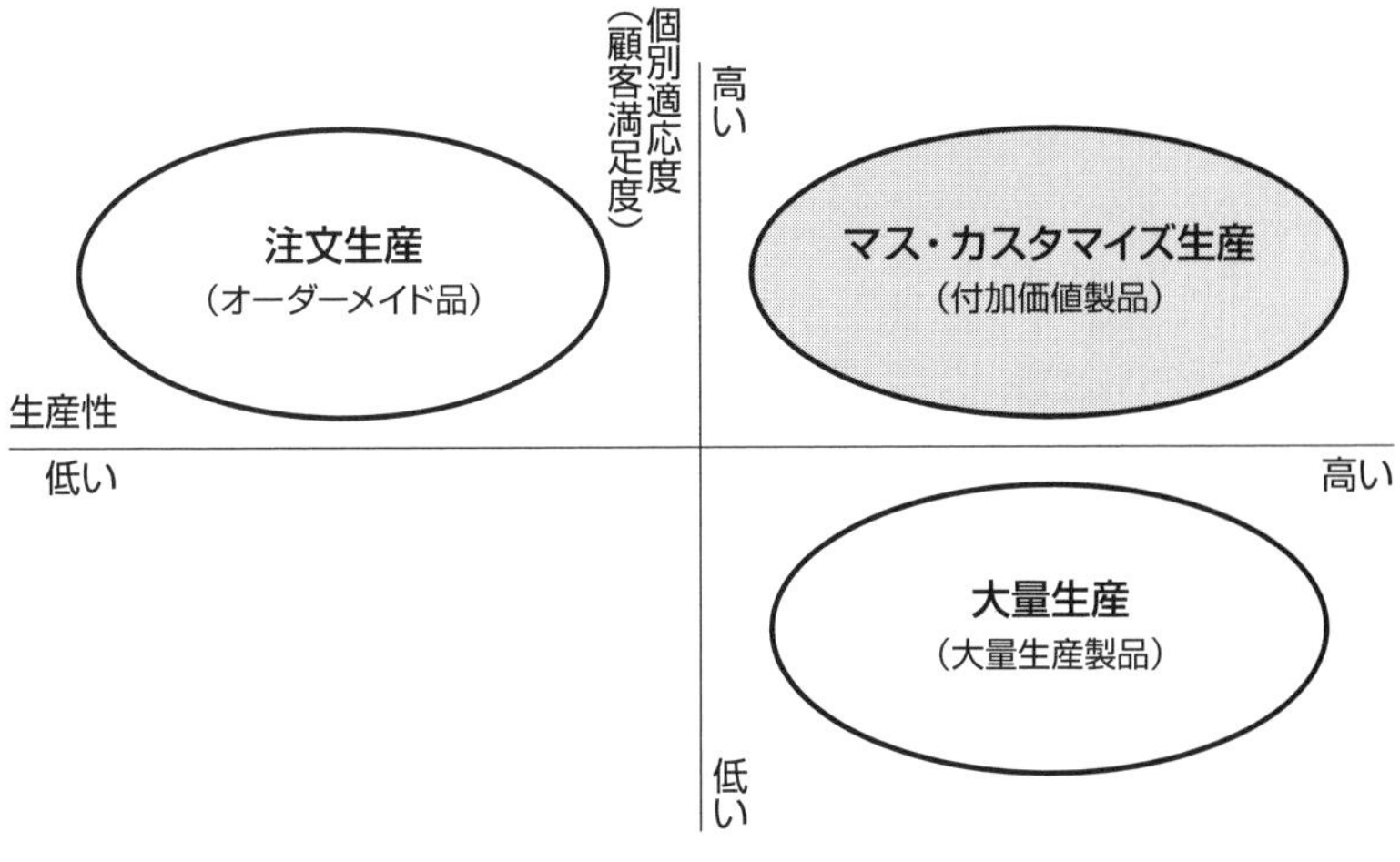

出所：筆者作成。

す。したがって、新たな付加価値を提案できるものです。この生産モデルは、SNSやICT等の発展により、より低コストで、そしてより正確に、そしてより適切なタイミングで個別の取引相手の情報を入手でき、また双方向のコミュニケーションを売り手と買い手の間で実現できるようになったからこそ現実化し易くなったものなのです。

さらには、スマイルカーブと呼ばれる現象があります。アパレル産業やエレクトロニクス産業でいわれることが多い現象です。経済の成熟化に伴い現れやすい現象となっています。それは**図5－9**にあるように素地、素材、原料等を扱う川上企業と完成品やその後のメンテナンスに関わる川下企業において収益性を確保でき、中間に位置する川中企業は低い収益性に留まってしまう

図5－9　スマイルカーブによるバリューチェーン

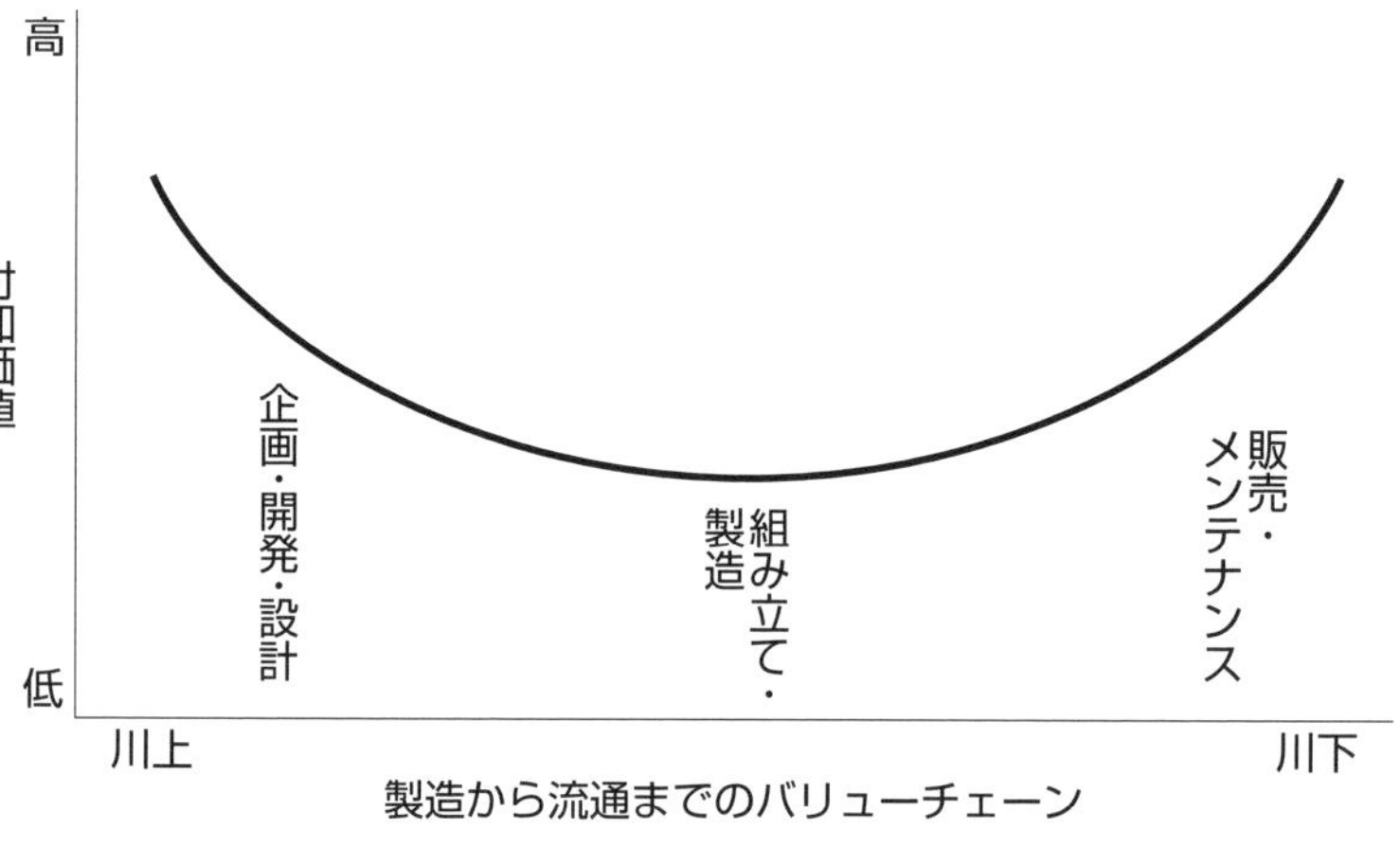

出所：筆者作成。

傾向があるという現象です。自動車産業のように大きな分業化が進んでいる場合には、各段階の担当企業が中間段階であっても必要視され、全体整合を生み出す上で重要であるために、それなりの収益性を維持することができます。すなわち、カーブ全体が、より高い位置にあるということになります。このスマイルカーブに向かいつつある日本の企業にとっては、ＩＣＴやＳＮＳを活用したマス・カスタマイゼーションを実現していくことは、バリューチェーンの全体においてある程度、そしてある種の付加価値を生み出すことに役立つといえます。スマイルカーブを高い位置に移動させたり、高い位置

図５－10　ICTによる課題解決と生産性の向上方策の類型

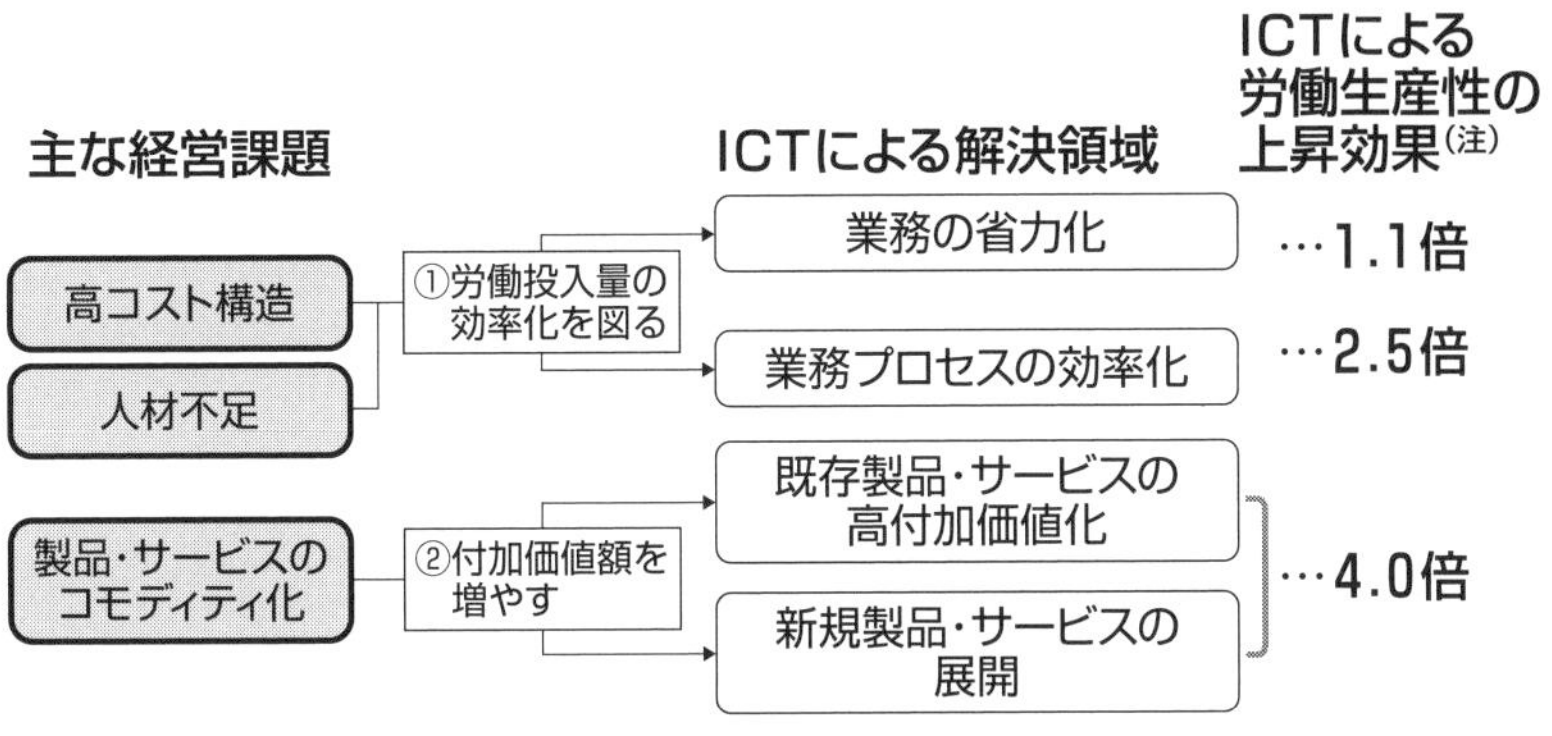

注：アンケート調査に基づく，それぞれの群の３年間の労働生産性の伸び率は以下の通り。
「業務の省力化」：該当（3.32%），非該当（3.10%）
「業務プロセスの効率化」：該当（6.71%），非該当（2.71%）
「既存製品・サービスの高付加価値化」「新規製品・サービスの展開」：該当（7.78%），非該当（1.96%）
出所：総務省編『情報通信白書　平成30年版』113-115頁。

での平準化に役立つということです。そして結果として、全体に対する収益を確保することができることにもなるのです。

ＳＮＳが有する需要と供給のマッチング力を活用しつつ、スマイルカーブ現象に近づきやすい地域の諸課題に対しては、そこに関わるステークホルダーに対して、スマイルカーブを全体に底上げ・上昇させ、収益を上げていける可能性を示してくれるものであるといえるのです。このことは、前頁の**図５－10**に示されているＩＣＴ活用によれば、労働生産性が４・０倍に上昇するという事実、さらにはそれが付加価値額を増大させることから生み出されるということからも想像に難くないでしょう。ＩＣＴやＳＮＳによってすべての地域における諸課題が解決できるわけではないのですが、かなりの程度における有効性はあるものと、考えてよいでしょう。

5 地域課題に寄り添うマーケティングとＳＮＳ

ここまでの考察に従えば、個人が埋没するくらいの人口が存在する都心に比べて、居住人口や交流人口において劣位に置かれる地域の諸課題解決には個別適応できることが重要であり、その点ではＳＮＳの活用は有益であるといえます。さらに、地域と繋がって需要と供給のマッチングを実現するマーケティングの実践という点では、SNSは長けているといえます。ただし、その際に目指すべき方向性は、地域の生活環境の維持・改善と地域の経済的成長・維持の両立を果たすことであるということでした。そして、マス・カスタマイゼーションに従い、個別のターゲットの確定と適応を実現するための経済性・実行性を確保しつつ進めていくことが必要であるということです。このような視点で、地方創生や地域活性化を進めていくことが重要となります。

このマーケティングを活用しながらの現代の地域課題解決には、既述のように、マーケティングX・0と呼ばれるマーケティング3・0やマーケティング4・0（更には、マーケティング5・0）という考え方が適していると言えるでしょう。それは、これらの考え方には、①単なる双方向ではなく相互作用性を有していること、②個別適応化ができること、すなわち独自性を持っていること、③総合的には社会性が高いということ、すなわち社会的価値に繋がる価値創造が必要であるということ、そして、④最低限の経済性（許容範囲）は担保されていることが埋め込まれているということです。マーケティング3・0やマーケティング4・0では、従来のマーケティングの考え方と、基本的視点が異なってきます。すなわち、製品志向そして顧客志向から、マーケティング3・0では人間志向に基づいたマーケティング実践が目指されています。さらにはマーケティング4・0では自己実現志向が基本的視点となります。それは、SNS等のデジタル情報を利用して実現できるものでもあります。地方創生や地域活性化の諸課題に対して、マーケティングを活用してそれらを解決していくということは、このマーケティング3・0やマーケティング4・0の考え方に当てはまるものでもあるのです。

さて、最後に地域活性化に向けた地域諸課題解決のために、マーケティングを実践する際のツールとして活用するSNSのネガティブ効果についても考慮に入れておかなければならないでしょう。これまでに述べてきたように、SNSやICTによってすべての地域課題が解決できるものではありません。これらは万能薬ではありません。そこには問題点も内在しています。それは、SNSが持つ固有の問題であり、次の5点を挙げることができます。

第1に、個人情報の流出のリスクです。個人に関する情報が、瞬時に世界中に駆け巡り、しかも一人歩きする可能性があるということです。したがって、個人に関する情報等には、特段の配慮・注意が必要になってきます。

第2に、インターネット等の情報通信に適したコンテンツと適さないコンテンツがあることです。すべての製品・サービス、そして情報がSNSで扱えるわけではありません。あくまでもSNSは補助的なもので、地方創生や地域活性化のコンテンツ自体に、地域社会全体を活性化する付加価値があるものでないと、その効果は半減してしまいます。SNS自体が目的ではなく、それは手段でしかないということでもあります。この峻別が必要なのです。

第3に、誹謗中傷等のエスカレーションが起こりやすいことです。他者と繋がりやすいがゆえに、また他者批判における共有化も起こりやすいということです。これへの配慮や防止が必要となります。

第4に、情報の信頼性担保の問題です。不特定多数の情報を収集・検索でき、特定の他者や不特定多数の他者とコミュニケーションを取ることもできるSNSとはいえ、そこで交換される情報等については、その信頼性には限界があるということです。リアルな情報交換でもあるように、バーチャルでの情報交換であっても、情報の根本的な信頼性は変わりません。

そして第5に、SNSにより流された情報の削除はほぼ不可能であるということです。情報の送り手は、良しきにつけ悪しきにつけ、当該情報がインターネット上には半永久的に残ることを理解した上で、掲載すべき情報を選別することが必要なのです。

これら5点について、注意を払ってマーケティングを実践していくことが重要であるといえるのです。

第6章

マーケティングツールとしてのSNS

SNSの活用

本章では、ＳＮＳの諸特徴や、その中でもマーケティングツールとして広く活用されているフェイスブック等の具体的な活用事例の考察を通して、その有効性や有益性について検討していきます。

今や、ほとんどの人にとってスマホがない生活をイメージすることは不可能でしょう。スマホの普及に伴って、人々のインターネット利用のスタイルには大きな変化が生まれています。ＰＣそしてインターネットの普及により、ユーザーはグーグルやヤフーに代表されるポータルサイトや検索サイトにアクセスして必要な情報を得てきましたが、一方でフェイスブックやインスタグラム等のＳＮＳを通じて情報にアクセスするようになってきています。日常的にコミュニケーションツールとして使用しているＳＮＳは、知りたい情報へのポータル（入口）となったといえるのです。ＳＮＳにおいては、ファンや友人として繋がっているユーザーに対して情報をプッシュ配信します。フェイスブックであれば、ユーザーは何もすることなく配信された投稿がタイムＬＩＮＥに表示されることにより、画面をスクロールするだけで次々と新しい情報に触れることができます。しかも、そこに表示されるのはユーザーが繋がっているアカウントの投稿とターゲティング配信された投稿ですから、基本的にはユーザーの嗜好に合った情報が投稿されることになります。インターネットを通じて情報があふれている中で、ウェブサイトにより気になる情報を探すよりも、繋がっているアカウントからの投稿にアクセスする方が確実に、そして効率的に欲しい情報を入手できるということなのです。その結果として、ウェブサイトの閲覧ユーザーよりもSNSにアクセスするユーザーの方が増加するようになったのです。一方で、ウェブブラウザは、今や「目的を持って何かを調べたいというときに、わざわざ開いて使うツール」となってしまったのです。

いわゆるデジタルマーケティングの実践においては、検索の上位にあがりやすくするSEO（サーチエンジン最適化）やリスティング広告（サーチエンジンにおけるクリックに基づく課金型広告）、そしてこの両者を含んだSEM（サーチエンジンマーケティング）が主流でした。しかし、検索行為の実行には、どちらかといえばユーザー自身が何を求めているのかを認識していること、つまりニーズが明確化かつ顕在化していることが前提であり、能動的に検索するという行為が必然だったのです。一方、SNSによるマーケティングでは、ユーザーが日常的かつ長時間にわたり使用するSNSを通じて情報配信することで、ユーザーに関心のきっかけを与え、興味を持たせ、それによりユーザーに欲しい・行いたいという欲求を心に刻ませ、そこから購入行動に繋げるという潜在的なニーズを掘り起こすことが可能となったといえるのです。消費者のファネル状態をイメージしやすくさせてくれたともいえます。

1　SNSの諸特徴

それでは、従来のマーケティング媒体である新聞、雑誌や、テレビというマスメディアと比べた場合のSNSの諸特徴を挙げておきましょう。整理すると、次の5つとなります。

①　情報量の無制限性

テレビや新聞での広告では、CMの時間や掲載スペースに制限があります。当然ながらある程度は予算で解決できるものではありますが、SNSにはこういった制約はありません。いつでも、誰でも、何回でも情報を発信することができます。ただし、使用するSNSによっては文字数が制限されることはあります。

②　効果の測定可能性

従来のテレビCMや紙媒体の広告では、直接的な効果測定を行うことが困難でした。もちろん露出することで、「ブランドイメージを訴求する」ことはできますが、より直接的な反応が求められる場合には、ユーザーの反応をダイレクトに知ることができるという大きな特徴をSNSは有しています。

③　特定捕捉の可能性

個人情報問題もあり、１００％のユーザー捕捉は困難ですが、いくつかの属性の組み合わせによって、ＳＮＳのグループ内でのユーザーの特定化については可能性が高いということです。セグメンテーションの実行可能性と呼んでもよいものです。

④　情報の拡散性

ＳＮＳの大きな強みは情報の拡散性にあります。「興味がある」、「写真が美しい」、「感動する」等、ユーザーの共感が得られる投稿であれば、コメントや「いいね」等によりシェアされることで拡散されます。「口コミ」による拡散性の高さにおいて、ＳＮＳに勝るツールはありません。この特徴を有効に活用することで、例えば無名の個人や企業組織であっても、継続的に質の高い情報を発信していけばその情報は拡散され、多くのファンを集めることが可能となるのです。

⑤　当事者間の双方向性

双方向でコミュニケーションを取れるというのもＳＮＳの大きな特徴となります。これまでの広告は自分たちが訴えたいことを、多数のユーザーに向けて一方向に伝えるだけでした。しかし、ＳＮＳでは発信した情報に対してユーザーがコメントを返したり、ダイレクトメッセージで直接連絡してくることも可能です。「いいね」の数で反響を知ることもでき、マンツーマンでコミュニケーションできるというのは大きな強みとなります。ユーザーの声を直接聞くことによって、自分たちが発信している情報に対してユーザーがどう感じているのかを知ることができ、意見を吸い上げることができます。こういった声が貴重なマーケティングデータとなるのはいうまでもないことなのです。

なお、既述のように、ＳＮＳには回避できないリスクも存在します。拡散性の高さは大きなメリットであると同時に、ネガティブな声もあっという間に広がってしまうということです。送り手側の意図とは別の意味で言葉や情報を受け取られてしまったり、思いがけないことで顰《ひん》蹙《しゅく》を買ってしまうと、瞬く間に拡散し炎上してしまいます。そうなると情報の拡散を止めることは非常に難しくなります。思いがけない事態が発生した場合には、第１に、迅速に対応するという観点から、情報発信する側にはリアルタイムでの取組み対応が必要となります。検討中という一報であってもリアルタイムで対応する、情報発信することは重要です。リアルタイムで情報が拡散するＳＮＳの便利さと炎上の危険は表裏一体であり、従来とは別次元でのスピーディーな対応が求められるのです。第２に、誠実に対応することが大変重要です。単にサービスや製品の良し悪しだけでなく、ユーザーに対応する姿勢までもが可視化されているＳＮＳでは、情報の内容だけではなく、その発信の仕様も重要であるのです。

2 ターゲティング広告により想定ユーザーへ働きかける

前節で挙げた諸特徴を有するSNSでは、マーケティングを進める上でターゲティング広告が最も有効に活用できるものとなります。ターゲティング広告とは、ウェブの閲覧履歴など、ウェブ上でのユーザーの行動から嗜好や関心事を判断して情報をプッシュ配信するものです。配信先となるターゲットを絞り込むことで配信情報に関心を集めやすくなり、結果としてクリックや閲覧に繋がる確率の高い、より洗練された広告に進化したものとなります。このターゲティング広告は主にオーディエンス・ターゲティングとコンテンツ・ターゲティングに大別されます。前者がウェブの閲覧履歴などからユーザーの属性情報や位置情報、行動履歴といったオーディエンス・データを使ってユーザーをターゲティングして、当該ユーザーに広告を配信するのに対し、後者はウェブサイトやウェブページのコンテンツ内容をカテゴライズし、そのカテゴリーに合った広告を配信するものです。よく耳にする検索キーワードは、このオーディエンス・ターゲティングの1つに挙げられます。個人の嗜好や行動をより細かくセグメント化できるという点において、ウェブでのターゲティング広告は、テレビや新聞・雑誌といった従来の広告メディアとは大きく異なる存在となっているのです。

なお、プライベートユースを前提としたスマホやタブレットという端末の登場により、特に「常に携帯する個人専用の端末」として、さらにはカメラや決済機能に代表される生活ツールとしての機能を強化することで、スマホは文字通り誰にとっても「なくてはならない生活必需品」となりました。このスマホの登場と共に大きく普及したのがＳＮＳです。「主に通話とメールの道具」だった携帯電話は、スマホとなって「パソコンと同等の機能を持つ小型端末」となり、さらに所有者が常に手元に持つ唯一の端末であるという特徴から、個人ユーザーにとってますます欠くことのできない存在となりました。そして、スマホは、個人と個人を繋ぐソーシャルネットワークサービスであるＳＮＳとの親和性において、極めて大きなツールとなったのです。

また、ＳＮＳはコスト面でもマーケティングを実践する側に大きなメリットをもたらします。本来、個人個人をユーザーとしているＳＮＳは、基本的に利用料は無料となります。何よりも魅力的なのは、ウェブサイトを構築したりサーバーやドメインを設定する手間や費用をかけることなく利用できるということなのです。なお、基本的に手間やコストがかからないという点ではブログも同様ですが、コミュニケーションツールとしての機能や使いやすさはＳＮＳに優位性があります。もちろん、単に導入コストが低いというだけでは、ここまでＳＮＳがマーケティングに活用されることはなかったでしょう。何よりもマーケティングツールとして優れた特徴を備えているからこそ、ＳＮＳは広く世の中に浸透したのです。

3 SNSがもたらす優れたターゲティング機能――2つの事例

現在、世界で最も精度が高い広告であるといわれているのが、フェイスブック社の持つビッグデータを活用したターゲティング広告です。これは、フェイスブックの投稿を広告としてユーザーに配信する機能で、様々な属性に合わせて配信先を選ぶことができるものです。なお、投稿を広告として配信することができるのはフェイスブックのビジネスアカウントであるフェイスブックページで利用できる機能であり、個人が使うユーザーアカウントでは利用することはできません。以降、ターゲティング広告についてはフェイスブックページでの利用を前提に考察を進めます。

フェイスブックのターゲティング広告を支えているのは、全世界のユーザーから集まるビッグデータです。圧倒的な利用者数を持ち、それぞれの位置情報から属性やインターネット上の行動パターンなど、多岐にわたるビッグデータを収集し、それをＡＩが精査することで、ユーザーにピンポイントでアプローチすることができるのです。このようなビッグデータを収集しているのはフェイスブックだけではありません。世界の大手ＩＴ企業としてはグーグル、フェイスブック、アマゾンが代表となりますが、中でもとりわけフェイスブックは、ターゲティング広告ではリードしています（アップルも大手IT企業としてしばしば取り上げられるGAFAの1つですが、個人情報の商用利用はしていません）。

優れたターゲティング機能を持つフェイスブック広告は、SNSを活用したマーケティングで大きな効果をあげています。ビジネスアカウントで利用するフェイスブックページは、一般のアカウントで利用する個人ページと比べていくつかの特徴を備えているのです。**表6－1**を参照下さい。

この表に従えば、ターゲティング広告機能を活用し、狙ったユーザーに対して投稿を配信できるということがフェイスブックページの最も大きな特徴となります。個人ページではターゲティング広告を打つことはできないため、アカウントを登録して個人ページに投稿しても、「いいね」をできるのは知人だけとなり、スピーディーに友達を

表6－1　アカウントとビジネスアカウントの比較

	個人アカウント	ビジネスアカウント
利用目的	友達との交流	ファンとの交流
管理者	本人のみ	複数人設定可能
上限アカウント数	1つのみ	上限なし
繋がり方	承認制	「いいね」を押してもらう
友達や「いいね」上限数	5,000人	上限なし
広告出稿	不可	可
予約投稿	不可	可

出所：facebook navi.

増やすことはできません。したがって見知らぬ誰か、遠く離れた海外に住む誰かに向けて情報配信するには、フェイスブックページでターゲティング広告を打つことが必須となります。なお、フェイスブックページは個人でもアカウントを設定して利用することができるが故に、大多数の人に向けて情報配信する場合には個人でもフェイスブックページを使うこととなります。芸能人など、多くのファンがつくことが想定される場合には、最初から個人名でフェイスブックページを立ち上げるケースが多くなるのです。

ここで、ターゲティング広告では、配信先となるターゲットを絞り込む条件として、実に様々なデータを収集・活用しています。実名による登録はフェイスブックの最大の特徴といえますが、それ故に登録時には性別や誕生日、居住地、趣味といった様々なデータを登録できるようになっており、実際には多かれ少なかれ誰しもがこれらのデータを登録しています。そういった意味では、フェイスブックはその生い立ちからしてターゲティング広告に最適なSNSといえるのです。

また、ユーザーがスマホにダウンロードしたアプリの履歴や、フェイスブックを立ち上げてウェブサイトを閲覧した履歴といったウェブ上の行動パターン、リアルな行動パターンとしては、GPSを介しての位置情報も取得することができます。こうして集められた位置情報、属性、ウェブ上の行動パターン、そしてリアルな行動パターンに関するビッグデータをAIが精査し、広告配信先のデータとして活用しているのです。例えば、フェイスブック広告を打つ際にターゲティングできる項目は２０００項目以上あるといわれ、その掛け合わせパターンは６兆通り以上にもなります。一例として**表６－２**を参照下さい。これが世界一と呼ばれるフェイスブック広告のターゲティング機能を支えるベースとなります。これらをベースに、狙ったユーザーに対してピンポイントで情報を届ける、いわゆるプッシュ配信なしにしては、ＳＮＳによるマーケティングは成り立たないと考えてよいでしょう。

それでは、フェイスブック広告による成功事例を見てみましょう。すべて、㈱ＢＥＹＯＮＤによって実践されたものです。

(1) A事例――1週間で5000人のファンを囲い込んだAアンテナショップ

Ａ店は東京都内居住者、都心での買物客、そして外国人観光客向けに地方の魅力を発信するアンテナショップとして、地方の特産品や食材を集め、都心において10ヶ月の期間限定で運営されました。そして、宣伝・広告はすべてＳＮＳで行われました。フェイスブックページとインスタグラムのアカウントを立ち上げ、オープン１週間前から近隣に住むユーザー向けに、開店告知と取扱いブランド情報を広告配信し、開設から１週間でフェイスブックページのファン数が国内・海外合わせて５０００人を超えました。開店時には「フェイスブックを見て来ました」という顧客が多数訪れ、初日から１日の売上目標を達成することができました。また顧客だけでなく、A店での商品取扱いを希望するメーカーからの来社も1週間で5件あり、A店から営業に出向くことなくメーカーとの繋がりができたことも大きなメリットの1つとしてあげられます。

このときに実施したSNSでの施策は、細かいターゲティング設定による広告配信です。広告配信先を決めるターゲティングの設定はSNSマーケティングの重要なポイントの1つですが、A店では開店告知と各商品の記事それぞれに細かくターゲティングして、狙った層にピンポイントで情報配信しました。開店時には和歌山物産展を実施したので、次のようにターゲティングして、開店を告知・周知する投稿をしています。

ターゲット1：都心に住んでいて、食にこだわる人、和歌山県に興味のある人、和歌山県の大学を卒業した人、店舗の周囲半径3㎞以内に住んでいる人

ターゲット2：店舗近隣を旅行中の英語を使う外国人旅行客、近隣に住む在日外国人

（例）商品ごとの投稿（紀州産梅干しの場合）

ターゲット3：梅干しに興味がある人、料理や食に興味がある人、和歌山に興味がある人、和歌山の大学を卒業している人、健康食品に興味がある人等

このように細かくターゲティングし、投稿への反応に対する検証を重ねて、効率の良いターゲットを絞り込んで当該店舗のファンになってくれる層を見つけています。このときに扱った梅干しは非常に好評で、前述のターゲットに配信したところ、多数の問い合わせやコメントが

表6－2　ターゲットの絞りこみのためのＳＮＳ項目一覧

フェイスブック広告絞り込みターゲティング可能項目

場所	国
	都道府県
	市区町村（指定できる場所，出来ない場所があります。）

キーワード	フリー入力で検索。フェイスブックページ名でも検索可能

年齢	
性別	すべて
	男性
	女性

カテゴリ	好きな活動	料理
		ダンス
		DIY・手芸
		イベントプランニング
		フード・外食
		ゲーム（ゲーム専用機）
		ゲーム（ソーシャル/オンライン）
		ガーデニング
		文学書
		アウトドアエクササイズ
		写真アップロード
		写真
		旅行
	ビジネス・技術	コンピュータプログラミング
		旧型コンピュータ所有者
		ファイナンス
		不動産
		科学・テクノロジー
		中小企業
		技術初期導入
	ゲーム	コンソールゲーム愛好者
	イベント	誕生日が1週間以内
		真剣な交際中
		最近転居した
		転職をした
	家族構成	家族から離れている
		出身地から離れている
		ベビーブーム世代
		婚約中（1年未満）
		婚約中（6ヶ月未満）
		遠距離恋愛中
		妊娠中
		新婚（1年未満）
		新婚（6ヶ月未満）
		子持ち

カテゴリ	携帯電話ユーザー（iOS）	iOS/Apple（2）
		iPad 1
		iPad 2
		CliPad3
		iPhone 4
		iPhone 4S
		iPod Touch
	携帯電話ユーザー（OtherOS）	RIM/ブラックベリー
		Windows
	映画	映画（すべて）
		Action/Adventure Movie
		Animated Movie
		ボリウッド
		Classic Movie
		Comedy Movie
		Drama Movie
		Family Movie
		Horror Movie
		Independent Movie
		Musical Movie
		Romance Movie
		Science Fiction/Fantasy Movie
		Sports Movie
		Suspense/Thriller Movie
	音楽	音楽（すべて）
		Alternative Music
		児童用音楽
		Christian & Gospel Music
		クラシックロック
		Classical Music
		Comedy Music
		Country Music
		Dance/Electronic Music
		ヒップホップ・ラップ
		Jazz/Blues Music
		Metal Music

		子供あり（子供が0～3歳）
		子供あり（子供が4～12歳）
		子供あり（子供が13～15歳）
		子供あり（子供が16～19歳）
	趣味・関心	自動車
		ビール・ワイン・酒類
		チャリティ・慈善
		教育
		娯楽（テレビ）
		環境
		健康
		ホーム・ガーデン
		ニュース
		ペット（すべて）
		ペット（猫）
		ペット（犬）
		ポップカルチャー
	携帯電話ユーザー（全般）	Mobile Users（全般）
		Feature Phone Users
		新規スマートフォン利用者
		スマートフォン/タブレット利用者
	携帯電話ユーザー（Android）	Android（全般）
		HTC
		LG
		モトローラ
		サムスン
		ソニー
		Android（その他）

		Pop Music
		R&B/Soul Music
		Reggae Music
		Rock Music
	小売り・ショッピング	美容用品
		家電・エレクトロニクス
		ファッション
		ラグジュアリー商品
	スポーツ	スポーツ（全般）
		野球
		バスケットボール
		クリケット
		エクストリームスポーツ
		ファンタジースポーツ
		アメフト
		ゴルフ
		アイスホッケー
		レーシング・NASCAR
		サッカー
		テニス
	旅行	現在旅行中

恋愛対象	すべて
	男性
	女性

交際ステータス	すべて
	独身
	交際中
	既婚
	婚約中
	指定なし

言語	フリー入力で検索。出てこない言語も多くあります。

学歴	すべて
	高校生
	大学生・専門学校生
	大卒

勤務先	フリー入力で検索。出てこない企業も多くあります。

出所：聞く技術研究所に基づき，㈱BEYOND提供。

あり、実際に購入を希望する顧客からはダイレクトメッセージが届き、店舗スタッフとやり取りするなどSNSのコミュニケーション機能を生かしたプロモーションに繋がりました。

(2) B事例――リアルな楽しさを伝えた在日外国人モニター

Bテーマパークは、外国人客を増やしていきたいという計画をもっていました。インフルエンサーの利用には費用がかかりますし、せいぜい一時的な盛り上がりにしかならないと悩んでいました。定期的かつ継続的に実施できるアイデアはないかということで、英語と中国語のフェイスブックページを用意し、定期的に在日外国人モニターを募集し、1日無料体験モニターを実施することが行われました。ターゲットは訪日の観光客ではなく、在日の観光客とし、それも施設の近隣在住者と設定されました。在日外国人は、母国から家族や友人が来日することもあり、またSNSで母国の人々と繋がっていることが多いので、ある種のインフルエンサーとみなせると考えられたのです。そこで、テーマパークの近隣数㎞圏内に在住する在日外国人向けに、「1日無料体験キャンペーンをやります。ぜひ応募して下さい」という募集記事を英語と中国語で作成し、ターゲティング広告で配信しました。その結果、3日間で35件の応募がありました。その中から英語圏者と中国語圏者とを合わせて3組を当選とし、1日無料のモニターとして招待し、彼ら・彼女らが1日楽しんでいる様子を写真や動画で撮影し、許可をとった上でコンテンツとして利用しました。外国人が実際に楽しんでいる様子が配信されたので非常に反応は良く、「私も乗ってみたい」とか「行ってみたい」といったリアクションが格段に増え、その後定期的に実施するようになりました。インフルエンサーを招いて協力を依頼することを考えれば、コストも10分の1以下で済みます。募集の広告費と当日のモニターキャンペーン代、モニターが1日楽しむことにかかるコストしかかかりませんから、費用対効果は非常に良いものとなりました。また、参加者は大変に楽しみ、テーマパークを気に入り、自主的に自身のSNSでの発信も行われました。「これはスペシャルな体験。すごく良かったから行こう！」と口コミが行われたのです。自主的に参加者が楽しみ、テーマパークのファンになり、結果的に年間パスポートを購入する参加者も出てきました。海外から友人が来日した際には友人と当該テーマパークを訪れるなど、良い結果に繋がりました。一過性の情報発信ではなく、継続的・長期的な情報発信によるファン化への仕組みができあがったといえるでしょう。

4 SNSによるマーケティングを実践するための重要点

このようにSNSを活用するマーケティングを実践するためには何に留意するべきなのでしょうか。それは、第1に、「誰に、何を、どのように伝え、そして何をゴールとするのか」を明確にすること、いわゆる事業の定義づけをし、目標・方向性を定めることです。それは、自社・自組織は何業であり、何屋であるのかを見極めることであり、その結果ターゲティング広告の対象であるターゲットの明確化を図り、何を成果とするかの確認をするということなのです。特に成果は、ユーザーに「あ、これは私のための情報だ」と思わせるような絞り込まれた情報を的確なターゲットに配信することが求められるでしょう。

第2に、継続することによる関係性を作ることです。SNSで情報配信する上で重要なことは、一時的な話題や盛り上がりで終わらせないような関係性作りを行うということです。単なる一過性の話題作りではなく、当該企業や当該地域の特色・特徴を継続的かつ長期的に発信し、ファンを育てていくつもりで取り組むことであり、それなしに共感や信頼を生み出すことはできないのです。

第3に、リアルで身近で、意味や価値のあるコンテンツを作ることです。SNSで発信されるコンテンツはスマートフォンで閲覧され、アクセス者のリンクやシェアで拡散するものですから、身近に感じ、興味を持ってもらいやすい、リアルな作りが好まれます。人を介在して拡散するのですから、親しみや安心をもたらすコンテンツが重要となるでしょう。

第4に、シェアされる仕掛けを用意するということです。例えば、旅先での撮影ポイントとなるモニュメント等の設置とアピールです。ここでは、まず製品・サービスの購入者に満足してもらい感動を味わってもらった上で、SNSへの投稿やシェアを誘引する仕掛けを作ることが重要です。ＳＮＳの活用は、情報を発信して顧客を購入に導けば終わりではなく、その後にいかに口コミしてもらい、将来のリピーターを作ることができるかというところまで考えて、製品・サービス全体を設計していくことが必要だからです。

そして第5に、ＳＮＳの強みである双方向コミュニケーションの活用です。それは、ユーザーの反応をリアルタイムで見ることにおいて容易性が高いということ、そしてＳＮＳのメッセージは会話のように気軽にコミュニケーションできるということなのです。したがって、ホスピタリティ高くやり取りすることが集客やファン作りに繋がっていくでしょう。

こうして見てくると、結局のところ**第1章**でマーケティングを「企業組織が消費者・市場に対して働きかけ、消費者・市場からの反応を受け取り、それに対応する行動を取るという相互作用である」と定義しましたが、この相互作用を継続的に、そして繰り返し活性化するという点で、ＳＮＳの活用は極めて有効であるということになるのです。

5 ニューノーマル社会におけるＳＮＳとマーケティング

２０１９年12月に初めて感染者が確認された新型コロナウイルス感染症は、瞬く間に世界に蔓延しました。このＣＯＶＩＤ－19により、世界的規模でヒト、モノ、カネの移動が止まってしまいました。人々の安全・安心は脅かされ、地方、都市にかかわらず世界中の経済も大きなダメージを受けています。ワクチン開発なども進められ、接種も始まりましたが、まだ明確な出口が見えず、終息には不確実な状況です。しかしながら、人や組織の営みを止めるわけにはいかず、ウィズ・コロナや、アフター・コロナと呼ばれる新たな社会生活様式・ニューノーマルが模索されています。本書の最後に、このニューノーマル下でのマーケティングとSNSのあり様について見ておきましょう。本書が刊行される頃には、新型コロナ感染症が終息していることを願いつつ、現状での限定的な視点からの簡単な考察であることをお許し下さい。

さて、そもそも生産と消費のマッチングを目指すマーケティングは、その取引関係においていわゆる密の状態になることは自明です。それは、既述のように、生産と消費の間で流通フロー（商流、物流、情報流）が流れてはじめて生産と消費の懸隔が架橋されるがゆえに、その架橋の役割を果たす流通や商業がこの両者間に介在せざるを得ないからです。実際の売り手と買い手の取引場面を見ると、商店街、コンビニエンス・ストア、スーパーマーケット、百貨店、卸売市場などの流通業や商業の場面では、ある種の社会的な距離を維持できないものが目立ちます。しかしながら、ここで各流通フローを見ると、この密状態を回避できる手段が見うけられます。商流は、所有権の移転ですから電子決済が実現できれば密を回避できます。物流は財・サービスそのものの物理的移転ですが、これは宅配業務が実現できればある程度の密状態を回避できます。情報流は、まさしく情報の流れであり情報の移転ですから、ＩＴやＩｏＴを活用すれば密状態を回避できます。

ここで、マーケティングにおける要素を見ておきましょう。**表6－3**はマーケティングにおいて売り手と買い手間のマッチングを実現するために考慮すべき要素と流通フローとの対応関係です。丸印は対応していることを示しています。マーケティングを実行化していく上で、「誰が」、「何を」、「どの様に」に対応する3つの流通フローが流れれば、需要と供給のマッチングが生じるということです。つまり、SNSを始めとした高度情報化が進み、物流の高度化が進展している現代では、マーケティングを実践していく上で、ニュー

表6－3　マーケティング考慮要素と流通フロー

マーケティング考慮要素	商流（電子決済）	物流（宅配・派遣）	情報流（IT）
「誰が」取引当事者（売り手と買い手） ① 集団 ② 個人	○		○
「何を」取引の対象物 ① 物的財 ② サービス財 ・無形財（ハウスクリーニング等） 人との接触はあり・なし ・人的サービス（医療，介護等） 人との接触はあり ③ デジタル財 ・情報コンテンツ ・利用権（サブスクリプション）		○	○
「どの様に」生産と消費のマッチング（場） ① リアル（流通・商業） ② ネット（e−commerce）	○		○

出所：筆者作成。

ノーマル社会での密状態への対応は可能であるということになります。もちろん、例えば飲食店等では来店客との接触は必要ですし、医療業や介護業などでは人との接触は不可欠です。オンライン診断等では限界があります。ただ、ここではＳＮＳ等のＩＴやＩｏＴを前提としてマーケティング考慮要素を考えると、ＣＯＶＩＤ－19下にあってもその実現には商流、物流、情報流の実行化・実現化によって可能性があるということなのです。

そして、ＳＮＳは、これらマーケティングの実践に貢献できるかどうかが重要となってきます。総務省の２０２０年の『令和２年版　情報通信白書』によれば、２０１９年の数字で、個人ベースのスマホ保有率が67・６％、個人ベースのインターネット利用率が89・８％、そして個人ベースのＳＮＳ利用が69・０％となってい

表6－4　利用頻度が増えたSNSの利用目的（%）

	ツイッター	ライン	インスタグラム	フェイスブック
新型コロナウイルス感染症に関するニュース等の情報収集	73	66	63	64
友人・知人等とのコミュニケーション	39	60	43	57
趣味・好きなことに関する情報収集やコミュニケーション	61	49	73	55
仕事等でのコミュニケーション	6	12	7	11
その他	2	2	2	1

出所：アライドアーキテクツ株式会社調べ。

ます。また、２０２０年４月８日～４月12日に実施されたアライドアーキテクツ㈱「新型コロナウイルス感染症拡大に伴う消費者のＳＮＳ利用実態調査」結果によれば、新型コロナウイルス感染症拡大防止のための外出自粛時のＳＮＳの利用について、「凄く増えた」が８・７％、「増えた」が25・８％、「普段と変わらない」が63・７、「減った」が１・３％、「凄く減った」が０・５％となり、ＳＮＳ利用度が上った人が34・５％となっています。そして、利用頻度が増えたＳＮＳを利用する目的は、**表６－４**に示されています。ＳＮＳを利用しての新型コロナウイルス感染症の情報入手が上位に来る

表６－５　新型コロナウイルス拡大以降，SNS上での企業活動に関してあなたの行動に当てはまるもの（%）

企業公式アカウントのキャンペーンに参加	20	コロナウイルス感染症拡大以前から，自分の対企業への行動に変化はない	57
企業公式アカウントの投稿にいいねやリツイートした	19	その他	5
企業公式アカウントを新たにフォロー／いいねした	17	企業公式アカウントのフォロー／いいねをはずした	3
特定の企業公式アカウントの情報を以前より頻度高くチェックするようになった	11	企業公式アカウントの投稿を非表示にした	1
特定の企業や業界を応援するため特定のハッシュタグで投稿した	3		

出所：アライドアーキテクツ株式会社調べ。

のは当然でしょうが、趣味・好きなことに関する情報収集やコミュニケーションがインスタグラムで73%、次にツイッターで61%と高い数字を示しているのは興味ある動向です。新型コロナウイルス感染症の影響下にあっても、ＳＮＳを活用した趣味へのコミットメントは旺盛であるということなのです。

さらに、**表６－５**を見てみると、新型コロナウイルス感染症の拡大以降でユーザーのＳＮＳに対する行動変容は57%の回答がないとしています。しかしながら、20%が企業公式アカウントキャンペーンに参加する等、企業公式アカウントへの反応は、一定の数字を上げています。これは、このような緊急時であっても、ＳＮＳへの積極的参加ユーザーが存在しているということを示しています。新型コロナウイルス感染症がもたらすであろうニューノーマルの時代にもＳＮＳは確実に存在感を示し、情報とそれに伴う価値観をユーザーが共有することは可能であるといえるでしょう。マーケティング３・０やマーケティング４・０で提示された、自己実現や組織実現重視の方向においては、なおさらのことなのです。

あとがき

本書執筆の潜在的なきっかけは、筆者が勤務する大学が神戸市にあり、神戸地域の活性化に携わってきたことにあります。神戸市東灘区にはスイーツ店が多数集積しています。これらを地域資源に見たて、バスを利用してスイーツ店を自由にめぐるイベント「ひがしなだスイーツめぐり」に参画してきました。10年前の開始時の企画から関わっています。また、毎年11月11日（豚饅の日として、一般社団法人日本記念日協会により認定・登録）には、神戸市の中華街南京町を中心に創作豚饅の販売を多数の店舗で行い、その後被災地を支援訪問するＫＯＢＥ豚饅サミットが開催されます。この街起こしにも10年前の開始時から企画参加しています。

地域の活性化は簡単なことではなく、誰しもが苦労する課題です。また一過性に終わることなく継続していかなければ、地域の文化や歴史として当該地域に埋め込まれません。魅力的な地域コンテンツを掘り起こし、作り、育て、それらを提示・提供していくことが必要です。一方で、地域とコミュニケーションを取り、情報の共有化を進めていくことは不可欠です。独りよがりの街の活性化ではなく、地域の皆が寛容で、受容し、賛同し、支援し、自分事化してくれないと成功しません。そのためには地域とのコミュニケーションは極めて重要です。ましてや、現在の新型コロナウイルス感染症の影響下にあっては、そのコミュニケーションはますます重要になってきます。そして、情報交流やコミュニケーションは、今の時代、ソーシャルメディア、SNSを外しては考えられません。本書でSNSに注目したのは、そのためです。筆者は、街づくりに関わる中でソーシャルメディアの潜在力を痛感していました。

本書執筆・刊行作業を進める中で、新型コロナウイルス感染症が拡大するという世界的な危機が起こってきました。3密やソーシャルディスタンスへの対応上、人々はスモールサイズでの活性化、そしてネット・リモートでの活性化に向かわざるを得なくなっています。地域において成立する域内経済活性化の工夫、そしてSNSの活用は、より重要となってきています。そのような問題意識で執筆を進めてきました。

なお、本書は、以下の初出の論文に基づき、一部修正を加えたものとなります。

第3章 「ソーシャルメディアの本質とユーザーの諸特徴」『甲南経営研究』第60巻第1・2号、27‐51頁、2019年10月。

第4章 「質的転換を生み出すSNSの優位性」『甲南経営研究』第60巻第3号、1‐28頁、2019年12月。

第5章 「地域創生・地域活性化におけるマーケティング諸課題とそのSNS適応」『甲南経営研究』第60巻第4号、1‐24頁、2020年3月。

第1章・第2章・第6章 書き下ろし

さて、本書の執筆は、お二人の方が直接的な契機となっています。㈱インターアクトマーケティング 代表取締役社長 鈴木統夫氏と㈱ＢＥＹＯＮＤ 代表取締役社長 道越万由子氏です。鈴木氏は、次の時代を担う若い世代に伝えていくべきことを模索され、企業経営の傍ら社会貢献活動に日々取り組まれています。道越氏は、ＳＮＳを活用した地方創生の現場で活躍する第一線のコンサルタントで、地域起こしから地域活性化に繋がるコンサルタント業務を進めておられます。第6章では、道越氏から資料提供や多くのアドバイスをいただきました。このお二人に出会えていなければ、本書は生まれていなかったでしょう。記してお二人には感謝申し上げます。

また、出版事情が厳しい中にあって本書の意義をご理解いただき、出版の労をお取りいただきました㈱中央経済社 編集長 納見伸之氏、そして企画内容や構成についてアドバイスをいただくだけではなく、本書構成が当初企画より大幅に変更になり、そのために大きく遅れた原稿を辛抱強くお待ちいただいた㈱中央経済社 学術書編集部（経営担当）浜田匡氏にも、厚く御礼を申し上げる次第です。

時代は「令和」となり、新しい風が吹き始めています。ゴルフ、バスケットボール、将棋、サッカー等では新しく若い才能がどんどんと現れてきています。地方・地域の活性化においても、同様に若く、新しい感性・視点が今後ますます必要になってくるでしょう。そういう地方創生や地域活性化に立ち向かう次代を担う方々に、是非本書を手に取っていただければと思います。もとより、本書でもってすべての地域活性化が進み、そしてすべての地方創生活動に役立つなどとは考えてはいません。そこには常に新しい課題・新しい解決策が生まれてくるでしょう。外国人労働者の流入、インバウンドの変質、ＡＩのビジネス活用、ＶＲ、ＤＸや自動走行等の技術は進展しています。また、国際関係上の緊張は、政治の流れと共に現れては消え、消えては現れています。新型コロナウイルス感染症や自然災害の被害も大きなものとなってきています。そして、ユーザーの求めるもの、そこで必要とされる価値も変わってきています。さらに忘れてはならないことは、すべてこれらは現在進行中なのだということです。したがって、継続して手を打っていかなければ、これが決め手ということではないのでしょう。その時に、本書が1つの小さな灯台ではありますが、何らかの方向性を指し示す役割を果たすことができれば幸いだと思っています。本書を世に問い、当初の企図通りに本書が地域活性化や地方創生に役立つものとなったか、読者の皆様のご批判を待つのみであります。是非ご感想等をお寄せいただけましたら幸いです。

1日も早い新型コロナウイルス感染症の終息を願い

令和3年卯月

西村　順二

【参考文献】

［第１章］

荒川祐吉（１９７８）『マーケティングサイエンスの系譜』千倉書房。

近藤文男（１９８７）「生成期のマーケティング論（上）Ｒ・Ｓ・バトラー理論の特徴」『経済論叢』139－４・５、295－317頁。

近藤文男（１９８７）「生成期のマーケティング論（下）Ｒ・Ｓ・バトラー理論の特徴」『経済論叢』139－６、401－426頁。

田村正紀（１９７１）『マーケティング行動体系論』千倉書房。

堀越比呂志（２０１５）「A.W. Shawの現代性とマーケティング論の根本問題」『三田商学研究』58－２、45－54頁。

Bartels R.（1976）*“The History of Marketing Thought”* 2nd edition, Grid Publishing.（山中豊国訳（１９７９）『マーケティング理論の発展』ミネルヴァ書房、32－43頁。）

Butler R.S.（1911）*“Sales, Purchase,and Shipping Method”*,University of Wisconsin Extention Division.

Butler R.S.,H.F.deBower and J.G.Jones（1914）*“Marketing Methods and Salesmanship”*, Alexander Hamilton.

Butler R.S.（1917）*“Marketing Methods and Salesmanship”*, Alexander Hamilton.

Hunt S.D.（1976）“The Nature and Scope of Marketing”, *Journal of Marketing*,40(3),pp.17–28.

Hunt S.D.（2010）*“Marketing Theory: Foundations, Controversy, Strategy, Resource-Advantage Theory”* M.E.Sharpe inc.,pp.10–16.

Shaw A.W.（1912）“Some Problems in Market Distribution”, *Quarterly Journal of Economics*,26(4),pp.703–785.

Shaw A.W.（1915）*“Some Problems in Market Distribution”*, Harvard University Press.

Surhone L.M., M.T.Tennoe and S.F.Henssonow(ed.)(2010),*“Value Proposition Analysis,Review,Cost,Value (Marketing),Organization”*, Betascript Publishing, pp.9–10.

［第2章］
コトラー P.・H. カルタマジャ・I. セティワン（２０１０）『コトラーのマーケティング3.0 ソーシャルメディア時代の新法則』（恩藏直人監訳、藤井清美訳）朝日新聞出版。
コトラー P.・H. カルタマジャ・I. セティワン（２０１７）『コトラーのマーケティング4.0 スマートフォン時代の究極法則』（恩藏直人監訳、藤井清美訳）朝日新聞出版。
ＤＩＡＭＯＮＤ ハーバード・ビジネス・レビュー「マーケティング4.0の時代に、日本企業は何をすべきか」２０１５年12月11日。（https://www.dhbr.net/articles/-/3850）
Kotler P., H. Kartajaya, and I. Setiawan (2021) "*Marketing 5.0: Technology for Humanity*", John Wiley & Sons.

［第3章］

総務省編『平成29年度版 情報通信白書―ＩｃＴ白書２０１７―』。

総務省編『平成30年版 情報通信白書』。

西村順二（２０１９）「ソーシャルメディアの本質とユーザーの諸特徴」『甲南経営研究』第60巻第１・２号、27－51頁。

Macs D. & P.B.Brown. (2012) "SEXY LITTLE NUMBERS –How to Grow Your Business Using the Data You Already Have", Crown Publishing Group.（ディミトリー・マークス&ポール・ブラウン（２０１３）『データ・サイエンティストに学ぶ「分析力」―ビッグデータからビジネス・チャンスをつかむ―』馬渕邦美監修、小林啓倫訳、日経ＢＰマーケティング。）

［第4章］
天野彬（２０１７）「巻頭特集 動画サービスの未来像Ｎｏ．２：スマホネイティブ世代の動画コミュニケーション～ＳＮＳ検索の定着とシミュラークルの広がり」電通総研編『情報メディア白書２０１７』ダイヤモンド社。
総務省編（２０１３）『平成24年 情報通信に関する現状報告』。
総務省編（２０１３）『平成24年版 情報通信白書』。

立本博文（２０１９）「ＧＡＦＡと日本企業（下）連携し技術革新起こせ」日本経済新聞２０１９年８月15日。
西村順二（２０１９）「質的転換を生み出すＳＮＳの優位性」『甲南経営研究』第60巻第３号、１－28頁。
日経ＢＰ総研 グリーンテックラボ編（２０１８）『ＧＡＦＡの成長戦略分析－ＭａａＳ、ＩｏＴ、ＳａａＳはこう変わる』日経ＢＰ。
野中郁次郎（１９９８）『組織と市場』千倉書房。
野中郁次郎・竹内広高（１９９６）『知識創造企業』東洋経済新報社。
福島俊一（２００４）「検索エンジンの仕組みと技術の発展」『情報の科学と技術』54巻２号、66－71頁。
ＮＩＫＫＥＩプラス１編集部（２０１９）「時代映し、１０００号、ネットが生活の必需品に（何でもランキング）」日経プラスワン２０１９年７月27日。
三菱ＵＦＪモルガン・スタンレー証券「マーケットの歴史～過去の相場を振り返る～世界時価総額ランキング」。(https://www.sc.mufg.jp/products/sp/intro201712/index.html#sec04)
Nobbyconsulting (2019)「２０１９年３月末の世界時価総額ランキング！ アメリカ４大ＩＴ企業が肉薄！」GloTechTrends ２０１９年４月12日。(https://glotechtrends.com/world-market-cap-ranking-190412/)
Statcounter GlobalStats "Search Engine Market Share Japan". (https://gs.statcounter.com/search-engine-market-share/all/japan)
Statcounter GlobalStats "Social Media Stats Japan". (https://gs.statcounter.com/social-media-stats/all/japan)
PwC Strategy&「グローバル・イノベーション１０００調査」。(https://www.strategyand.pwc.com/jp/ja/publications/innovation1000.html)
Tran K. (2018) "Search engines sent more traffic to publishers than social media in 2017", *BI Intelligence "Digital Media Briefing"*, Feb. 26, 2018, 9:51AM. (https://www.businessinsider.com/search-engines-more-traffic-publishers-social-media-2017-2018-2)
Yuhei Iwamoto (2016)「Ｇｏｏｇｌｅは使わない、ＳＥＯ対策しているから－Ｉｎｓｔａｇｒａｍ有名人のＧＥＮＫＩＮＧが語った10代の「リアル」」TechCrunch Japan ２０１６年３月３日。(https://jp.

techcrunch.com/2016/03/03/istagram-genking/）

［第5章］

総務省・国際大学ＧＬＯＣＯＭ『地域ＳＮＳに関する調査研究』（平成22年）。

総務省編（２０１０）『情報通信白書　平成22年版』総務省。

総務省編（２０１７ａ）『ＩＣＴ利活用と社会的課題解決に関する調査研究』総務省。

総務省編（２０１７ｂ）『情通信白書　平成29年版』総務省。

総務省編（２０１８ａ）『ＩＣＴによるインクルージョンの実現に関する調査研究』総務省。

総務省編（２０１８ｂ）『情報通信白書　平成30年版』総務省。

西村順二（２０１５ａ）「地域中小企業における産業集積と市場の関係性に基づく成長戦略：ケミカルシューズ産業の事例研究」『甲南経営研究』第56巻第1号、25－47頁。

西村順二（２０１５ｂ）「地域産業における産業集積の特徴と課題：消費地近接性の有効化について」『甲南経営研究』、第56巻第3号、53－85頁。

西村順二（２０１９）「ソーシャルメディアの本質とＳＮＳユーザーの類型」『甲南経営研究』第60巻第１・２号、27－51頁。

North D.（1955）“Location Theory and Regional Growth,” Journal of Political Economy,63(3),pp. 243-258.

首相官邸「「まち・ひと・しごと創生本部」について」。(https://www.kantei.go.jp/jp/headline/chihou_sousei/)

帝国書院「統計・ニュース」。(https://www.teikokushoin.co.jp/statistics/japan/index.html)

［第6章］
アライドアーキテクツ（２０２０）『消費者は今企業ＳＮＳをどう見ている？「新型コロナウイルス感染症拡大に伴う消費者のＳＮＳ利用実態調査」調査結果』
(https://service.aainc.co.jp/product/echoes/voices/0028)
総務省編（２０２０）『令和2年版　情報通信白書』総務省。

聞く技術研究所「Ｆａｃｅｂｏｏｋ広告絞り込みターゲティング可能項目」（的確なターゲットとつながっていくために。Ｆａｃｅｂｏｏｋ広告ターゲティング可能項目一覧（13／07／24時点））。（https://www.dohouse.co.jp/kikulab/?p=8444）

facebook navi「個人アカウントとＦａｃｅｂｏｏｋページの違い」。（https://f-navigation.jp/manual_biz/preparation/basic/12）

索　引

■著者紹介

西村　順二（にしむら　じゅんじ）

1982年　神戸大学経営学部商学科　卒業
1987年　福山大学経済学部　助手
1988年　神戸大学大学院経営学研究科博士後期課程　単位取得
1989年　福山大学経済学部　専任講師，甲南大学経営学部　助教授，英国エディンバラ大学　客員研究員を経て
現在　甲南大学経営学部教授，兵庫県立大学大学院減災復興政策研究科客員教授　博士（商学）（神戸大学）

主要著作

『マーケティング理論の深化』（共編著）千倉書房，2004年
『マーケティングの革新的展開』（共編著）同文舘出版，2007年
『卸売流通動態論―中間流通における仕入れと販売の取引連動性―』千倉書房，2009年
『小売業革』（共編著）千倉書房，2010年
『先を読むマーケティング』（共編著）同文舘出版，2016年

マーケティングとSNSのミカタ
——地方創生への処方箋

2021年6月10日　第1版第1刷発行

著　者　西　村　順　二
発行者　山　本　　継
発行所　㈱　中　央　経　済　社
発売元　㈱中央経済グループパブリッシング
〒101-0051　東京都千代田区神田神保町1-31-2
電　話　03（3293）3371（編集代表）
03（3293）3381（営業代表）
https://www.chuokeizai.co.jp
印刷／㈱堀内印刷所
製本／㈲井上製本所

ISBN 978-4-502-37771-6　C3034